# 「皆さん、おはようございます」
# 授業では教えない
# "生き方"教育

スライドで語る
全校朝礼のお話

長井 功
Nagai Isao

風詠社

＊本書は、筆者が校長を務めてきた神戸市立舞子中学校ならびに神戸市立神出中学校において、全校朝礼で子どもたちに語った内容をテーマ別にまとめたものです。

# はじめに

　全校朝礼の校長の話というと、どんなイメージがあるだろうか。

　たとえば「暑い（寒い）のに早く終わってくれ」とか「誰も聞いていないのに……」など、マイナスのイメージをお持ちの方もいると思う。

　かつて、私が大変荒れていた中学校に勤務していた時の話である。

　月曜日の朝、全校朝礼をするのはなかなか大変で、生徒は並ばない、遅刻者は山のようにおり、校長先生の話など誰も聞いていないという状態だった。集会係だった私は、何度か校長先生に「今日の朝礼はやめましょう」と提案し、「もっと、生徒が関心を持つようないい話をしてください」と失礼なことまで言っていた。

　2学期がスタートしたある日、校長先生から「原稿を見てくれ」と言われた。それは、全校朝礼で話す内容であった。「3分にまとめてみたが、どう思う？」と問われた。素晴らしい内容であった。私は「このお話は生徒の心に残ると思います」と正直に答えた。実際、それ以降、生徒たちは朝礼の校長先生の話をよく聞くようになり、早く並び、遅刻者も劇的に減ったのである。

　教師が魅力のあるいい授業をしないと、教室を飛び出す生徒が出てきて当然である。それと同じで、朝礼でもいい話をしないと駄目で、そのためには事前に原稿を書くべきだと思った。

　それ以降、私は、帰りのショートタイムにも「担任から一言」という時間を大切にし、話す内容を原稿に書くようにした。その原稿は、今、2,000話を超えた。また、せっかくの集会やホームルームの時間を、注意や叱責だけで終わらないようにも心掛けてきた。

　校長になって、全校朝礼で話をする機会を得た。週に1回、普段の授業では教えないだろうと思う話題を選んで、話を続けている。

　幸か不幸か、コロナが蔓延した。一堂に生徒を集合させて朝礼をするこ

とが出来なくなったので、光回線のテレビやネットを使って朝礼をすることになった。そこで、単に話をするだけでなく、スライドや映像を使って、生徒たちの視覚にも訴えながら語ることにした。

　月曜日の朝、普段の授業では教えない、人生の〝生き方〟を学び、生徒や先生たちが夢や希望を抱いて、「１週間、さあ頑張ろう」と元気を出して過ごしてほしいとの思いから語ってきた。この度、それらの中からいくつかをセレクトして１冊の本にまとめたので、ぜひ多くの方に読んでほしいと願っている。

# 目　次

# 第 1 章
# 基本を学ぶ

「前にならえ」「ちゃんと手を上げて！」
「ハイ、なおれ」「前から順に座りなさい。」

……？ 何か違和感を感じないだろうか。

「前にならえ」とは、前にいる人との距離をとり、次の動作、たとえば、座ったり、走り出したりすることが一斉に行えるようにするために掛けている言葉である。つまり、「前にならえ」の次に一斉に座れなかったら、前にならう指導が出来ていないことになる。

先進国の中で、将棋倒しによって死亡事件が起きるのは日本だけだと言われたことがある。整列の出来ない集団は、命を落とすのだ。

生徒たちに集団行動を学ばせる時、頭ごなしに「きちんと並べ！」と指導（命令）しても、反発をくらうだけである。やはり、そこに理由を添えてやる必要がある。

朝礼の中で、座る姿勢、話を聞く態度、挨拶の仕方など、基本的なことについて理由を添えて学ばせておきたい。

# 1. 3つのお願い（約束）

　皆さん、おはようございます

　今年から神出中学校では、全校朝礼を毎週実施します。単に私が話をするだけではありません。週のスタートから「さあ、今週も頑張ろう！」とエンジンをかけられるように、皆さんにも前に出てきてもらう機会を作りますので、そのつもりでいてください。

　さて、今日は皆さんに3つのお願いをします。

　1つ目は、全校朝礼で表彰伝達をする時、拝んだり、祈ったりする時に手を合わせる胸の位置で、どうか、大きな音を立てて手を叩いてあげてくださいということです。

　表彰伝達の時に、誰も手を叩かなかったり、あるいは、手を叩いても指を合わせるだけで音がなかったりする場面を、ちょっと想像してみてください。……寒い感じがしますね。

　では、一度、拍手の練習をしておきましょう。

　「パチ、パチ、パチ、パチ、パチ……」

　とてもいい感じですね。

　2つ目のお願いは、入学式の時に話したことです。中学生の時期は、心も体も大きく成長する「ヘンシン」の時期だと思いますが、大きく、いいヘンシンをするには「素直」であることが大切で、そのコツは「3Dを言わない」ことです。3Dとは、「でも」「だって」「どうせ」です。神出中学校内では、3Dを禁句とします。

　また、素直であるためにどうすればいいかというと、「経営の神様」と言われた松下幸之助さんが、「毎日、素直になりたいと念じ続けるしか方法はない」とお答えになっています。そこで、皆さんに、松下幸之助氏直筆の「素直カード」を渡したいと思います。ぜひ、普段から身につけておいてほしいと思います。

最後に３つ目のお願いは、「『ミ』の音で挨拶をしましょう」ということです。神出中学校のスローガン「神出オアシス」は、「おはようございます」「ありがとうございます」「しあわせだなぁ」「すみません」の頭文字から取っています。

　つまり、「おはようございます」と挨拶に心掛け、「ありがとうございます」と感謝の心を大切にし、「しあわせだなぁ」といつもプラス言葉を口癖にすることを、これだけでは「済まされません」と継続してやることを目標に掲げています。

かんで
神出オアシス

「おはようございます」と挨拶　「ありがとうございます」と感謝
「しあわせだなぁ」といい言葉　「すみません」と継続してやろう。

　その１つ目の挨拶についてですが、この挨拶は、朝の「おはようございます」だけでなく、授業前の「お願いします」や授業の終わりの「ありがとうございました」も含みます。

　お願いというのは、今までの挨拶の声の音を２音上げてくださいということです。つまり、「ドレミ」の「ド」の高さで挨拶をしている人は、「ミ」の音でしてくださいということです。

　一度、やってみましょう。

　ドの音で、「おはようございます」。

　ミの音で、「おはようございます」。

　どうですか？　違いがありますよね。

あいさつ
挨拶は、
「ミ」の音の高さで！

　ミの高さで挨拶をした方が、明るく元気な感じがしませんか？

　私の友人に、ご葬儀の仕事をしている人がいました。学生時代は明るく元気な人でしたが、仕事中は笑うことは許されず、「ド」の音よりもさらに低い「ラ」の音で話さないといけないので、会う度に表情がなくなっていき、元気がなくなっていました。

ところで皆さん、神戸市灘区にある王子動物園に行ったことがありますか？ その近くに、「ラの音」という名のおいしいカレーショップがありました。オーナーに聞いてみたら、ラの音というのは、楽器のチューニングをする時の基準にする音だそうで、高い方のラの音で「いらっしゃいませ」と言うようにしているということでした。そして、2回目からは、そのラの高さの声で「お帰りなさい」と言ってくれるような店でしたから、その店に入るだけで元気が出て、おいしいカレーを食べてさらにやる気が出てくるという感じでした。

　高い方の「ラ」の高さまで出せとは言いませんが、挨拶をする時は「ミ」の高さの声でするように心掛けましょう。


## 2. よい姿勢　　　　　　　　　　　　令和4年4月25日

　今日は、まず、皆さんに質問です。

　「前にならえ」をするのはなぜですか？

　中学校では、体育の授業で一番最初に団体訓練をしていますが、「前にならえ」は、前にいる人との距離を保つためです。車では車間距離を取らないと追突してしまいます。団体で動くことを知らない集団は、緊急時にけがをしたり、命を落としたりすることがあります。

　コロナの影響で「ソーシャルディスタンス」という言葉が生まれましたが、日本では「間合い」という言葉で人と人との距離感を大切にしてきました。

　以前、私はアメリカに体育授業を見に行く機会がありました。自由の国、アメリカでは、頭髪の色は当然まちまちで、体操服もなく、中にはジーパンで授業を受けている生徒もいました。しかし、いざ、団体訓練をさせると、日本の子どもたちよりもずっと素晴らしい動きが出来るのです。一般

に軍隊のある国は団体訓練をよくやっており、緊急時にパニックになることが少ないようです。コンサートや大きな集会で「将棋倒し」になって死者が出るのは、今や先進国では日本だけだと言われました。

2010年11月22日、カンボジアという国で水祭りが行われた際、橋で転倒事故が起こり、見物客375人が死亡しています。

2015年10月9日、サウジアラビアのメッカ巡礼で起きた将棋倒し事故では、7477人が死亡しています。

日本では、今から約20年前、2001年7月21日に、明石の大蔵海岸で行われた花火大会で、朝霧駅の歩道橋で将棋倒しが起こり、11名が亡くなり、247名が重軽傷を負うという悲しい事故がありました。こんなことを二度と起こしてはいけません。

次の質問です。

「体操座り」をしなければならないのはなぜですか？

体操座りは、立って話をしている人の顔を見て、話を聞く姿勢です。胡坐座りでは、下を向いてしまうので、話を聞く姿勢としてはよくありません。

世界を見ると、治安の悪い国では、お尻をつける体操座りはしません。先ほど紹介したカンボジア王国では、子どもたちに「座りなさい」と言うと、いつでも走り出せる姿勢で座っていました。

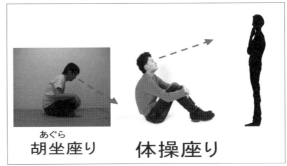

あぐら
胡坐座り　　体操座り

韓国にはチョゴリという民族衣装がありますが、チョゴリを着て座る時は、いつでも逃げ出せる立て膝です。

治安のいい日本で、立って話をしている人の話を体操座りをせずに聞くというのは、「私はあなたの話を聞く気がありません」と体で表現してい

るようなものです。

　椅子に座る時も、姿勢に気をつけましょう。ソファーに寝そべったような「バギー姿勢」や背中が曲がり、手を前の方にやる「ＴＶゲーム姿勢」「足組み」などの姿勢で授業を受けることのないようにしましょう。

バギー姿勢　　ＴＶゲーム姿勢　　足組み

　坐禅では坐相といって、坐る姿勢を厳しく言われます。坐った形は、腰から頭のてっぺんまでまっすぐになっていることが一番いいのです。まっすぐだと疲れず、息も乱れず、長時間の坐禅に耐えることが出来ます。「一寸千貫」という言葉があります。一寸角という木材は細くて柱とは呼べません。一寸とは、約3.3cmのことです。しかし、まっすぐ垂直に立てて使えば、千貫（約3750kg）の重みに耐えることが出来るそうです。

　「気をつけ」の姿勢も、正しい立ち方をすれば、長く疲れないで立つことが出来ます。まっすぐ立てない人は、将来、肩凝りから背中や胸の病気になることが多く、老け顔になりやすいそうです。

　よい姿勢は病気やけがの防止につながるだけでなく、自信が湧き、やる気が出ます。実は、成績向上の秘訣なのです。そもそも「姿勢のいい不良」なんて聞いたこともないでしょう。まずは形からです。

# 3. みること、きくこと

今日は、「みる」こと、「きく」ことのお話をします。

皆さんは「見る」ことと、「聞く」こと、どちらが重要だと思いますか？もし、どちらかを失うと言われたら、どちらを取りますか？

まず、「ミュラー・リヤー錯視」という図を見てください。

続いて、目の錯覚をいくつか紹介しましょう。

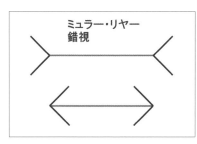

次の図を見て、飛び出している四角の箱はいくつありますか？

6個に見える場合もありますし、7個に見える場合もありますね。

人間は、昔から「見る」ことによって、物事の本質や真理を探ろうとしてきました。特に、近代科学においては、望遠鏡を発明してマクロの世界がどこまで続くのか探求し、顕微鏡を発明してミクロの世界をどこまでも細かく探求してきたのです。そのため、「見ることが出来な

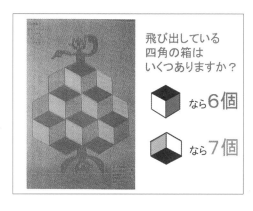

ければ、それは真理ではない」と考える傾向があると思います。「百聞は一見にしかず」という言葉がありますが、実は視覚はあまりあてにならな

いのです。

「みる」という字には、「見る」「観る」「視る」「監る」「督る」「瞰る」「瞩る」「瞥る」「瞻る」など、多くの漢字があります。英語では、see, look, watch などの言葉があります。使い方が違いますね。"see the movie"、"watch TV" と言いますが、"look at the movie" や "look at TV" とはあまり言いません。

一方、「きく」の英語は、heae と listen です。一昔前、英語のテストで「ヒアリングテスト」という言葉がありましたが、今は「リスニングテスト」と言い換えています。hear は「単に音が耳に入る状態」であるのに対し、listen は「音に一生懸命耳を傾ける」という意味があるからです。

さて、「きく」の漢字には、「聞く」「聴く」「訊く」とありますが、「きく」時は、ぜひ、「聴く」ようにしてほしいと思います。「聴く」という漢字は、「十四の心を耳にする」と書きます。

ところで、羊は目が悪くて、自分の羊飼いを見分けることが出来ないという話を聞いたことがあります。だからこそ、聞き分けるという能力は抜群で、自分の羊飼いの声は決して間違えない、他の羊飼いの声にはついていかない性質があるのだそうです。

「わたしの羊は、私の声を聞き分ける。」

＜ヨハネ福音書10章27節＞

最後に、「聴き上手の四原則」というのを教えましょう。
　①目で聞く　②微笑んで聞く　③うなずいて聞く　④相槌を打って聞く
　まずは、授業中の先生の話を、③くらいのレベルで「聴く」ようにしてください。


# 4. 試合前の心構え

令和4年6月17日

　運動部は6月の区総体の真っ只中ですね。試合前の心構えを3つ、お話します。これは、人生で勝負しなければならない時、たとえば、受験の前日の心構えとも共通するお話です。

　まず、両手の指の腹だけで手を合わせます。親指から小指まで、1本ずつ離すことが出来るでしょう。しかし、中指を第2関節から折り曲げて合わせた状態だと、ほとんどの人は薬指を動かすことが出来なくなりますね。

　中指は自分の一番得意なこと＝（イコール）武器です。薬指は心臓につながっていると言われる指ですから、自分がこれまで一生懸命に培ってきた武器をなくすと「敗北」につながるという譬えです。

　次に、「マグネットフィンガー」という手遊びをしてみましょう。

　両手の指をがっちりと組み、人差し指だけ伸ばしてくっつかないように空間を作ります。そして、「くっつかないように、くっつかないように」と強く念じます。不思議なことに、人差し指がくっつかないように意識すればするほど、指が自然と引き寄せられてしまいますね。

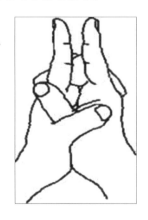

　1964年の東京オリンピック女子バレーボールで金メダルを獲得した大松 博文監督が、著書『おれについてこい』で、「是が非でもという願いは

決して叶えられない」「無欲の勝利」ということを述べています。

　ゴルフや野球のスイングをする時に、力めば力むほど、思うようなスイングとならないように、是が非でもと願えば願うほど、体に余計な力が入って、思うように体をコントロール出来なくなるのです。

　そして、3つ目は、試合前の過ごし方です。体の緊張をほぐし、平常心で試合に臨めるよう、気持ちを高めておくこと、そのために、2つのことをお勧めします。

　1つは、自分の部屋や机の中の整理整頓をしてください。

　もう1つは、「怒らない」ということです。叱られても怒らない。腹を立てない優しい気持ちになることが大切です。その気持ちが平常心を生むのです。自然体で試合に臨んでください。

　先日の区総体では、勝敗の差は紙一重でした。人生の成功や失敗も紙一重なのです。たった1つプラスになるものを取り入れるか、僅か1つマイナス要素を減らすかによって、将来も大きく変わるでしょう。

　100mを走るのに、ゴールラインでぴったりと止まる人と、ゴールラインは通過点だと思って走り抜ける人と、どちらがいいタイムを出せるでしょうか？　ゴールラインで止まる人は、それまでリードしていても、ゴールラインを走り抜けた人に、ゴールライン寸前で抜かれることになりますね。神出中学校の代表として頑張ってくれることを信じています。


## 5. 力を合わせて……1＋1＝？　　　令和3年9月27日


　今日は、「1＋1」の話です。東京オリンピック空手男子形の金メダリストは、喜友名 諒選手でしたね。イランの重量挙げのホセイン・レザザデ選手は、2004年に行われたアテネオリンピックのジャークで263kgも持ち上げました。これは17年間も破られていない世界最高記録です。

生身の人間と動物が戦うとどちらが強いでしょうか。生身の人間は、動物のような鋭い牙や角、または爪を持っていませんから、実は生身の人間はとても弱いのです。走らせてみても、100 mの世界最高記録保持者ウサイン・ボルト選手の9秒58という記録は、時速に直すと37.5kmですから、100 mを3秒2、時速112kmを出すチーターや100 mを5秒0、時速72kmを出す競走馬にはとても勝てません。また、ワニでも100 mを9秒0、時速40kmを出せるそうですから、いかにボルト選手でも逃げ切ることは出来ないのです。さらに、こんな計算をして比較してみました。

　今年、神出中学校の体育の授業で体力テストをしましたが、一番速かったのは、2年生の男子生徒M君で50 m、6秒8だったそうです。これを時速に直すと26.4kmになります。しかし、これは、カバの50 mを3秒6、時速50km、アフリカゾウの50 mを4秒5、時速40km、そしてガラガラヘビの50 mを6秒2、時速29kmと比較しても遅いという結果です。

　また、握力を見てみると、成人男性が45 ～ 50kg、成人女性が25 ～ 30kgが平均値で、リンゴを握り潰すのに大体70kg以上が必要と言われていますが、大人のゴリラは身長180cm、体重が150kgの関取のような体で、握力はなんと600kgもあるそうです。人間が握られただけで骨が砕けてしまうでしょう。動物の中で最強と言われるアフリカゾウは、体長7.5 m、体重7 t、肩高4.0 mにも成長します。

　しかし、私たちの祖先は、それ以上に強くて大きなマンモスを倒してきたのです。それはどうしてでしょうか？　もちろん、知恵を持ち、道具を使ったということもあるでしょうが、原始時代、鋭い牙も爪も持たない人類が巨大なマンモスや猛獣を倒して生き残った要因は、力を合わせて集団で戦うことが出来たからです。集団の力を使う能力に優れていたからなのです。

　力を合わせると、1＋1は2ではなく、それ以上の力となります。冬を越すために南に向かう雁という鳥は、V字型編隊を組んで飛びます。編隊を組んで飛ぶと、1羽で飛ぶよりも7割も遠くまで飛べるからだそうです。

V字型編隊

1羽で飛ぶより**7割**も遠くまで飛べる！

　さて、神出中学校の体育会では、走競技だけでなく、マスゲームを行っています。最近は、組体操の制限やコロナの影響もあり、マスゲームをやる学校が随分と少なくなってきましたが、神出中学校では全校生でマスゲームを行います。これは、皆さん、卒業してからも、胸を張っていいことだと思います。

　ところで、グランドでたった1人、マスゲームをしていたら、周りで見ている人は何と思うでしょうか？

　ちょっと想像してみてください。

　少し、滑稽でしょうね。しかし、たくさんの人が一斉にやると、美しい演技に感じられます。ただ、その中のたった1人でも、だらしない行動やおかしな格好をしていたら、そのマスゲームは美しく感じられません。

　学校というところは、1人で勉強する場所ではありません。集団で学ぶということに意義があるのです。

　マスゲームというのは、「身体運動のコーラス」で、観衆を相手にする身体活動であり、日常生活「ケ」に対して近代的な「ハレ」の行事です。個人のわがまま、勝手、気ままは許されません。マスゲームを通して、よい集団を作り、自立心を育んでほしいと願っています。

　また、「ピンチはチャンスなり」と言われますが、私たち人間はピンチになると、手に汗をかきますね。これはいつ頃からそんなふうになったの

かというと、やはり、原始時代にまで遡るのだそうです。

その時代、鋭い牙や爪を持っていない人間は、野や山で恐ろしい獣に出会った時、武器がなければ、逃げることしか出来ませんでした。では、どこに逃げたのでしょうか？

そうです。人間は木に登ったのです。その際、手に唾をかけて滑らないようにしていました。今でも、何か力仕事をしようとする時に、手に唾をかける人がいますが、原始時代の人間たちも、ピンチの度に手に唾をかけていたのです。

そのうち、ピンチという緊張状態を何度か経験することによって、自然に手のひらから汗が出てくるようになりました。昔から、「火事場の馬鹿力」とか、「必要は発明の母」と言われますが、ピンチになると、自分では気づかなかった思わぬ力、いわゆる「潜在能力」が開花されるのです。

人間、逆境にある時は苦しい思いをしますが、それは、むしろ潜在能力発揮の絶好のチャンスでもあるのです。どうか「本気」を出して、マスゲームを成功させてほしいと思います。

最後に、日本体育大学の集団行動を見てもらいましょう。

日本体育大学は「エッサッサ」という応援で有名ですが、歩くだけの集団行動のビデオを見てください。

## 6. 奇跡を起こすより、着実に進歩しよう！ 令和4年8月26日

　夏休みはどうでしたか？

　私はこの夏休み、神出町内を回って、地域の多くの方とお話をする機会がありましたが、どこへ行っても「中学生はよく挨拶をしてくれますね」と褒められるので、大変嬉しい気持ちで過ごしました。

　さて、今日から2学期がスタートです。2学期は、陸上競技の三段跳びの「ステップ」、バレーボールの三段攻撃の「トス」にあたる時期です。

　陸上競技の三段跳びは、昨年行われた東京オリンピックでベネズエラのロハス選手が26年ぶりに世界新を出して金メダルに輝いたことなどで話題になりましたが、ホップ、ステップ、ジャンプと3回で跳ぶ距離を競う陸上競技フィールド種目の1つです。

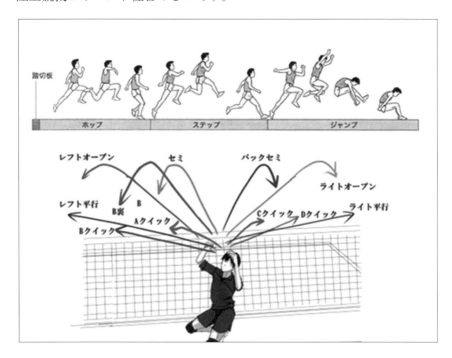

三段跳びの選手に聞くと、いい記録を出すためには、２回目の跳躍でいかに我慢するかが大切なのだそうです。つまり、第２段階のステップであまりに跳びすぎると最後のジャンプが跳べないし、かといって、ステップでしっかり跳ばないと全体的に低調な記録に終わってしまうからです。

　バレーボールの三段攻撃はレシーブ、トス、スパイクのことですが、その中で第２段階のトスが大切なのは言うまでもありません。レシーブが悪くてもトスさえ良ければ、いいスパイクが打てますし、反対にいくらいいレシーブをもらっても、トスが悪ければスパイクにつながりません。

　２学期には、体育会や文化祭、音楽コンクール、３年生は修学旅行、２年生はトライやる・ウィークなど、学校行事がたくさん計画されており、とても重要な時期だと思います。共に頑張りましょう。

　ところで、野球は一般に９回で勝敗をつけるスポーツですが、これを中学３年間にたとえると、１年生はこれから２回、２年生は５回、そして３年生は８回の攻防に入ることになります。

　今年の夏に行われた第104回全国高校野球選手権大会は、仙台育英高校が初めて白河の関を越えて深紅の優勝旗を東北に持ち帰るなど、話題性の多い大会でした。

**第104回全国高等学校野球選手権大会決勝**

|  | 1 | 2 | 3 | 4 | 5 | 6 | 7 | 8 | 9 | 計 |
|---|---|---|---|---|---|---|---|---|---|---|
| 下関国際 | 0 | 0 | 0 | 0 | 0 | 1 | 0 | 0 | 0 | 1 |
| 仙台育英 | 0 | 0 | 0 | 1 | 2 | 0 | 5 | 0 | X | 8 |

　最後まで試合を諦めない選手たちの姿に、感動を覚えた人も多かったでしょう。しかし、全国大会に出場してきた選手たちが、甲子園での試合を最後まで諦めないのは、当然と言えば当然のことです。なんといっても、背番号をつけて甲子園に出ることの出来る選手というのは、高校球児の僅か0.6％、東大に入る以上に難しいことなのですから……。

　さて、今大会には全国から49チームが参加し、トーナメント形式で、

48試合が行われたわけですが、そのうち、7回を終了した時点から逆転のあった試合はいくつあったと思いますか？

　今回の大会では7回終了時点で同点だった試合が3試合、逆転のあった試合はたったの2試合（4.2%）でした。つまり、逆転やサヨナラ勝ちで盛り上がったように感じた今大会でも、約9割の試合（43試合、89.6％）は7回の段階で勝負あったというわけです。

　これは、勝負の後半に一発逆転を夢見るより、ゴールに向けて、取れる時にポイントを取っておくことが大切だということでしょう。その点、神出中学校の3年生の皆さんは心配いりませんね。入学してからこれまで多くの財産を積み上げてきていますから、堂々と胸を張って、あと2学期を過ごしてほしいと思います。1、2年生も3年生をお手本とし、大切な2学期を充実するようにしましょう。

# 第 **2** 章
# 生活の知恵

　「涙に仰げば月も泣き、笑うて見れば花も微笑む」と言われる。

　同じ月を見ても、涙を流して嘆き悲しむ時もあれば、笑って眺める時もある。

　私たちは、心の持ちようで幸福にも不幸にもなれるのである。

　日常の中に起きる様々な出来事に対して、どのように対処していくかという生活の知恵を学ばせておきたい。

# 1. 鏡を見てごらん

皆さん、おはようございます。

本校の裏庭にある雌岡山(めっこうさん)では、毎朝、多くの方が登山をされ、ラジオ体操や太極拳をされています。今年の1月、野球部の皆さんと一緒に雌岡山に登り、頂上の神出神社に行ってきました。

ところで、神社の中にあるものは何か知っていますか？　そう、「鏡」です。どうして鏡が飾ってあるのかというと、一説には、「鏡」は「化我美」（かがみ）と書くので、鏡に映る自分＝「我」（が）を取ると、かみ＝「神」となるからだそうです。つまり、神様の中に自分がいるとも考えられますし、わがままな心を取ると神様に近づくとも考えられるでしょう。

ディズニーアニメの『ライオン・キング』で、大人になったシンバが水に映る自分の姿を見て、父親のムファサを思い出し、仲間のところに帰っていく決意をするという場面がありますが、水は鏡にもなりますね。

鏡に関する格言をいくつか紹介しましょう。


鏡は自惚れの醸造器である如く、同時に自慢の消毒器である。（夏目漱石）
世界とは鏡のようなもの。それを変えるにはあなたを変えるしかない。
　　　　　　　　　　　　　　　　　　　　（アレイスター・クロウリー）
人を許すことが出来なければ、鏡を見なさい。（作者不詳）
子どもは父母の行為を映す鏡である。（ハーバート・スペンサー）
人と人とは鏡写し（大胡田 誠）
仕事は人間の心を映し出す鏡（マイケル・E・ガーバー）
明鏡止水（荘子）
心は明鏡の如し 時々に勤めて払拭し 塵埃を惹かしむ莫れ（神秀）


どうですか、一度、じっくり鏡に映る自分の顔や姿を見てみてください。

また、机に向かって仕事をしたり勉強をしたりする際に、机に鏡を置いておくと、楽しく仕事や勉強がはかどるそうです。これは、心理学的には「メタ認知」とか「ホーソン効果」という現象として認められています。
　鏡に関して、星野 富弘さんという方がこんな詩を書いています。


**鏡に映る顔を見ながら思った。もう、悪口をいうのはやめよう。**
**私の口から出たことばをいちばん近くで聞くのは私の耳なのだから。**

　私は、この詩がとても好きですし、自分の戒めにもしています。

　さて、いよいよ明日が卒業式です。「卒業」は英語で何といいますか？

　一般には"graduation"ですが、アメリカでは"commencement"というそうです。これは、「始まり」とか「開始」という意味です。"commencement"にふさわしく、雌岡山・神出神社から、こんなきれいな日の出の写真が撮れました。きっと、明日は素晴らしい卒業式になるでしょう。

# 2. 努力は報われる

　今日はまず、簡単な心理テストをしてみましょう。

　ツリーに飾りをつけようとする時、下の①～⑥のどのタイプの飾りを選びますか？ 性格的に、天才タイプか、努力家タイプかを診断する心理テストだそうですが、遊びだと思ってやってもらって結構です。

| | ① | ② | ③ | ④ | ⑤ | ⑥ |
|---|---|---|---|---|---|---|
| 才能 | 1 | 2 | 4 | 6 | 8 | 9 |
| | ∧ | ∧ | ∧ | ∨ | ∨ | ∨ |
| 努力 | 9 | 8 | 6 | 4 | 2 | 1 |

　さて、今日は「努力は報われるのか？」というお話です。

　今日の話を聞いて、先ほどの心理テストで⑤や⑥と答えた人が、少しでも①や②の方向に向いてくれたらと思います。

　「継続は力なり」と言われます。毎日、昨日より1％だけ頑張ろうという考え方を1年間続けたら、「1.01」の365乗で、なんと「37.783」になります。反対に、毎日、昨日より1％だけサボろうという考え方で、「0.99」を365乗すると、「0.0255」になってしまうのです。ほんの少しの違いでも、1年も経てば、37.783対0.0255と、とても大きな差になってしまいます。

　ちなみに、1日24時間の1％は約15分です。毎日15分続けると大きな力になるでしょう。どれぐらい続ければいいかというと、俗に、3日、3カ月、3年と言います。これは、物事を始めて嫌になる時期を示してい

26

ます。

　宮本 武蔵は、その著『五輪書』で「千日の稽古を鍛とし、万日の稽古を錬とす」という言葉を残しています。つまり、３年くらいやれば習慣となり、30年くらいやれば、ものになると言っています。ここから「鍛錬」という言葉が生まれたそうです。

　ところで、これまでの皆さんの経験で、たとえば、部活動の試合や合唱コンクールで「100％の力を出せた」という経験はありますか？

　私はありません。せいぜい80％くらいです。そもそも試合や発表会などでは、練習したことの60％くらいの力しか出せないのではないでしょうか。

　たとえば、100点分の勉強をしてテストに臨むと60点くらい取れるものだと思います。では、90点を取ろうと思えば、150点分の努力をすればいいのです。また、100点を取ろうと思えば、167点分の準備が必要でしょう。

　しかし、実際問題、100％以上の力で努力するなんてことは、睡眠時間も削らなければならないでしょうし、ほとんど不可能だと思います。

　そこで、逆に、60％の力で100％の結果を出すことが出来ないかと考えてみたいと思います。

　起業家の藤野 淳悟という人が、『60％の力でうまいこと結果を出す思考100』という本を昨年の３月に出されています。この本では、「三日坊主を７回繰り返す」とか、人間関係のストレスを減らすコツとして「ＳＮＳをやる時間を決める」などの提案が100書いてあります。

　その中で一番は、「90分間のシングルタスク」だそうです。「一日中、集中する必要はない。やるべき時にやればいい。その代わり、やるべき時は、１つのことに全集中がおすすめ」と書かれています。

　３年生の皆さんは、受験シーズンですが、１日90分間、全神経を集中させて、勉強に没頭するという姿勢が大切だと思います。

　京セラの創業者の稲盛 和夫氏が、人生の結果は３つの掛け算であると

述べています。人生の結果は、「考え方」と「熱意」と「能力」の掛け算で表されます。また、「考え方」×「熱意」は「信念」という言葉に置き換えられ、中村 天風氏は「物事は信念と能力の掛け算で成否が決定する」と述べています。これらを図で示すとこんな感じでしょうか。

　これをベクトルといいます。「考え方」は方向性を示し、「熱意」は長さ、「能力」は太さにあたると思います。これらの要素の中で一番大切なことは、「考え方」です。考え方がプラスだと、プラスの結果になりますが、マイナス思考をするとマ

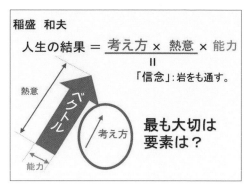

イナスの結果になるというわけです。

　「努力したことの60％しか結果には出ないのだから、100％以上の力で努力しなければならない」と考えるのも1つの考え方ですが、「60％の努力で100％の結果を出そう」と考えるのも1つの考え方ですね。

　そうすると、「効率よくする」ための知恵が生まれると思います。どんなに頑張っても、1日は24時間です。そして、それは誰にも平等に与えられています。自分の生活にゆとりを生み出せるかどうかも、やるべきことをいかに効率よく出来るかにかかっていると思います。

# 3. 悩み多き人に……

　今日は、悩み事の多い人に向けたお話です。

　仏教では、人間が生きる時に感じる苦しみの原因となる悩みを「煩悩」と呼んでいますが、煩悩はいくつあるか知っていますね。

　そう、12 月 31 日、大晦日に撞く除夜の鐘の 108 です。なぜか、公式野球の球の縫い目も 108 です。

　「四苦八苦」という言葉を聞いたことがあるでしょう。

　四苦とは、生老病死です。

　残りの 4 つはというと、まず、求不得苦。求めても得られない時の苦しみです。失恋もそうでしょうし、入学試験や入社試験に不合格になることもそうでしょう。

　次に、愛別離苦。愛する人と別れねばならない苦しみです。順調に成長すれば、いつかはお父さんやお母さんの死にも出会うでしょう。

　別れがあれば、出会いもあります。第 3 に、怨憎会苦。嫌な人とも出会わなければならないという苦しみです。生きていく上で、相性のよい人とだけつき合っていくわけにはいきません。社会の中で生きていくには、相手の立場に立って考える、思いやりの気持ちや心のゆとりを持っていないといけません。

　そして最後は、五蘊盛苦。身体や心から溢れるエネルギーや煩悩をコントロールする苦しみです。「有り余ることの苦しみ」とも言えるでしょう。エネルギッシュな中学生は、まさにこの時期です。

　このように、人が生きていくためにはいろいろと「苦しい」ことがあります。「四苦八苦」とは、自分の思い通りにならないことだと理解すればいいと思います。数字で書くと、不思議なことに $4 \times 9 + 8 \times 9 = 108$ という計算が出来ます。

ところで、ＡＣジャパンのセーブ・ザ・チルドレンの広告を聞いたこと
があるでしょう。

　その星では、14才以下の少女が、7秒にひとり、結婚していました。
　その星では、4億人の子どもが、紛争下で暮らしていました。
　この星は、地球です。
　この物語を変えましょう。

　セーブ・ザ・チルドレンは1919年にイギリスで設立され、約100年に
わたり、生きる・育つ・守られる・参加するという「子どもの権利」が実
現された世界を目指して活動している国際ＮＧＯです。世界120ヶ国で、
緊急・人道支援、保健・栄養、教育などの分野で活動し、日本国内では子
どもの貧困問題の解決や虐待の予防などに取り組んでいます。
　日本は2018年よりＡＣジャパンの支援団体の1つに選ばれ、テレビや
新聞・雑誌などのメディアや公共交通機関が無償で提供する広告枠におい
て、セーブ・ザ・チルドレンの広告が展開されてきました。
　今、世界では5人に1人の子どもが紛争下で暮らしています。学校に通
えていない子どもは、6人に1人、また、5〜17歳の子どもの約10人
に1人にあたる1億5,200万人が児童労働に従事しています。日本の子ど
もの総数が1,426万人ですから、その10倍の子どもたちが働いているの
です。
　働く子どもたちの写真を見てください。
　ブルキナファソの金鉱山で働く子ども、ネパールの農業をする子ども、
シオラレオネの薪を売る子ども、中国ウイグル自治区でコットンを摘む子
ども、イエメンの石切り場で働く子どもたち、インドの木工所で働く子ど
も……共通点がわかりますか。皆、子どもの顔じゃないでしょう。

また、セーブ・ザ・チルドレンで、こんな問題が出されています。

　サラさんは、起きている時間の半分で家の手伝いを、残りの時間の2/3で妹の世話をします。6時間寝たとき、勉強は何時間できますか？学校へは、歩いて往復3時間かかるものとします。

　答えはこうです。サラさんの睡眠時間は6時間で、起きている時間は18時間。起きている時間の半分（9時間）で家の手伝いを、残りの時間（9時間）の2/3（6時間）で妹の世話をします。余った時間は3時間。徒歩で往復3時間かかる学校に通おうとすると、通学時間だけで終わってしまいます。つまり、サラさんが学校で勉強出来る時間は、「ゼロ」です。

　先日、私のもとに「国境なき医師団」から支援のお手紙が来ました。

「この子たちは、日本に生まれていれば、こんなことにならなかったろうに。そう思うとやるせない気持ちになります」と書かれていました。

　私たちは、日本に生まれただけで幸せと言えるのではないでしょうか。自分の周りにいる人や世界の人々に対して何が出来るのかということを考えてみると、今ある悩みは半分になるでしょう。

　ただ、世のため、人のために出来ることは、何もボランティア活動や社会貢献だけではありません。

・朝、会ったご近所の人に「おはようございます」と声をかける。

・道に落ちていた空き缶を１本拾って、ゴミ箱に入れる。

・レジ横の募金箱に１円を入れる。

・誰かに何かをしてもらったら「ありがとう」と返す。

・省エネなど、何でもいいので、地球にやさしいことを実行する。etc.

　あなたのために周りの人がいるのではなく、あなたが周りの人のためにいるのです。

　次に、ネズミを使ったストレス実験を紹介しましょう。

　箱に入ったネズミに電気を流すと、ネズミは苦しくて走り回ります。ネズミ（A）には、あるポイントを押すと、その電気が止まることを学習させます。そのうち、ネズミ（A）は電気が流れるとすぐに電気を止められるようになります。もう一方のネズミ（B）の方は、電気を止める方法がありません。何回か電気を流すと、先に倒れたネズミはどちらだったでしょうか？

　答えは、電気を止めることを学習していたネズミ（A）だったのです。ネズミ（A）の胃は、ストレスで穴があいていました。一方、ネズミ（B）は、ひたすら我慢を覚

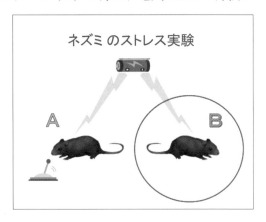

ネズミ のストレス実験

え、電気が止まるまで、じっとしているようになりました。

　「苦」に対して、どう対応するのがいいのでしょうか。解決法を考えて見つけ出すのも一策でしょう。しかし、ネズミの例のように、じっと我慢し、時が経つのを待つのも有効な策だということです。

　ただ、苦しいことを「我慢しろ」と言いたいわけではありません。「我慢」に似た言葉に「辛抱」という言葉があります。少年院を慰問し、入所している少年たちを相手に漢字の授業をしているゴルゴ松本さんは「辛いことは抱きかかえよ。それが『辛抱』だ」と述べています。「辛」という字は、横棒をもう一本引くと「幸」という字になりますね。

　私たちの生きている世界では、自分の思い通りにならないことの方が多いと言えます。思い通りにならない時、いちいちそれに腹を立てていても仕方ありません。思い通りにならないことに対して、その原因を分析し、解決法を見出すようにすべきでしょうが、すべてそういうわけにはいかないでしょう。そういう時の得策は何でしょうか。

　それは、「忍辱（にんにく）」の心です。忍辱とは、仏教の修行の1つですが、要するに我慢すること、辛抱すること、耐えることです。これほど文明が栄えても、私たちは自然の脅威には勝てません。台風や地震などの自然災害をなくすことも出来ません。自然の

脅威に対して、人間は辛抱するしかないのです。同じことは、対人関係でもあります。自分の力ではどうしようもないことがあり、それに対しては我慢するしかないのです。

　このように、「忍辱」には、生忍（対人関係での我慢）と法忍（自然環境への辛抱）があります。他人や自然と上手に付き合いましょう。

# 4. 喜怒哀楽のコントロールを！

令和4年10月31日

　季節の変わり目で、この時期、ホルモンバランスが崩れ、感情が安定しないことが誰にでもあるそうです。最近は脳科学が発達し、感情を左右しているのは脳内の物質であることがわかってきました。

　感情に伴う脳内物質について理解し、その対応を知れば、心の状態も安定するかもしれませんね。

---

☆ 感謝、幸せを感じる時に出る脳内物質は？→**セロトニン**

（増やすには……）バナナや牛乳を朝食にとる。リズム運動や日光浴をする。

☆ キレたり、怒ったりしている時に出ている脳内物質は？→**アドレナリン**

（抑えるには……）白砂糖の食べすぎや睡眠不足に注意する。

☆ 悲しい時、不安な時、恐怖を感じる時に出ている脳内物質は？→**ノルアドレナリン**

（抑えるには……）太陽の下でウォーキング　チーズ、ナッツ類、豆乳をとる。

☆ ストレスを感じてイライラする時に出ている脳内物質は？→**グルタミン酸**

（抑えるには……）玄米やチョコレートなどでGABAを摂取する。

☆ やる気が出たり、集中力がアップしたり、生産性が高い時は？→**ドーパミン**（脳内麻薬）

（増やすには……）恋するのが一番♪ 適量のお酒、自分で自分を褒める。依存する危険も。

☆ 憧れを感じたり、愛を感じたりしている時に出ている脳内物質は？→**オキシトシン**

（増やすには……）頭をなでてもらう。スキンケア、オイルマッサージ。ペット接触。

☆ 閃きを司る脳内物質は？→**アセチルコリン**

（増やすには……）卵黄、大豆をとる。26分の昼寝、外出をする。

☆ 休眠を司る脳内物質は？→**メラトニン**

（増やすには……）日中にセロトニンを活性化させる。

☆ 恍惚を司る脳内物質は？→**エンドルフィン**（脳内麻薬：モルヒネの約6.5倍の鎮痛作用）

（増やすには……）辛いもの、脂っこいもの、チョコレートを食べる。

---

さて、脳のホルモンを変えるスイッチは？ 実は「顔」です。

では、どんな顔がいいのでしょうか？ もちろん笑顔です。そして、笑顔のコツは「口の形」です。

昔から「笑う門には福来たる」「笑いは百薬の長」「一笑一若」などと言われますが、この他にも、笑いがもたらす効能は誰でも経験的に感じているでしょう。

笑いは、人間や猿、チンパンジーなどの霊長類だけに見られる高度な意思表示であると言われています。本能からの笑いは、涙の分泌や呼吸の変化、血管の収縮や拡張などを引き起こします。これは、副交感神経が優位に働くためで、体をリラックスさせ、緊張を緩和することが出来ます。涙が出るほど笑うと、体の力が抜けたようになったり、口元が緩んでよだれが出たり、中にはオシッコがもれる感覚をおぼえる人もあるでしょう。笑いはストレスを発散させるのに効果があります。

陸上界のスーパースター、100 m走の世界記録保持者ウサイン・ボルト選手なんかも、走っている顔をよく見ると、笑顔です。笑顔の方が、上体がリラックスして足がよく回るのです。

ガン患者とヨーロッパ・アルプス登山に挑戦し、「生きがい療法」を勧めている伊丹 仁朗先生が、患者に吉本興業の漫才を見せて、3時間後に

ガンなどの腫瘍細胞を殺す働きを持つナチュラル・キラー細胞の活性度を調べた結果があります。笑った後の検査では、すべて正常値に向かっていたそうです。身体には自然調整機能がありますが、笑うことで誰でも同じようにその作用が働くことが証明されました。

反対に「一怒一老」と言われるように、人間、怒ると脳内にノルアドレナリンなどのホルモンが分泌され、体を老化させます。

歌人で精神科医であった斎藤 茂吉の長男、斎藤 茂太氏も、精神科医の立場から様々なエッセイを残されています。その１つを紹介しましょう。

悲しいから泣くのじゃなくて、泣くから悲しくなるという説もある。ニコニコすれば、自然に心の中も楽しくなる。

……心掛けて微笑みをたたえていれば、心も軽やかになり、精神衛生上、大変いいことだそうです。同じ一日を過ごすなら、笑顔でニコニコ過ごしましょう。ストレス学説の権威ハンス・セリエは、無理してでも笑うことを勧めています。「笑いは体のジョギング」だと言う人もいます。よく笑う人は、ジョギングしたのと同じくらい肉体を使うのです。

## 笑顔の心 十二か条

「はい」と素直に言える笑顔の心
「ありがとう」といつも言える笑顔の心
「ごめんなさい」「すみません」と頭をさげる心
「よかったですね」と喜びあえる笑顔の心
「がんばります！」と前向きに言える笑顔の心
「お願いします」と信じて言える笑顔の心
「おかげさまで」と感謝できる笑顔の心
「会えてよかった」と感動できる笑顔の心
「がんばりましょう」と励ましあえる笑顔の心
「だいじょうぶ」と受け止められる笑顔の心
「うれしいです」と感激できる笑顔の心
「よかったなあ」といつでも喜べる笑顔の心

# 5. 月を見て……心の持ちようで 令和4年9月5日

　今週の土曜日、9月10日は十五夜です。「中秋の名月」と言われ、一年で最も月のきれいな時でしょう。ぜひ、ススキや団子を飾ってのお月見をする機会を持ってほしいものです。

　月を拝むと「ツキ」が来るそうです。荻の箸で茄子に穴をあけ、その穴から月を覗き、「月々に月見る月は多けれど、月見る月はこの月の月」と唱えて拝むと、眼がよくなるという言い伝えもあります。

　また、9月10日の十五夜とともに、今年は、10月8日の十三夜も見てほしいと思います。旧暦八月の十五夜のお月さんを「芋名月」といい、旧暦九月の十三夜のお月さんを「後の月（のちのつき）」とか「豆名月」、また「栗名月」といいます。十五夜と十三夜のうち、1回しか見ないのを「形見月」といい、不吉なことと忌み嫌うところもあるようです。

　ところで同じ月を見ても、心の暗い人は「月見ればちぢに物こそ悲しけれ、我身一つの秋にはあらねど」と嘆き悲しみますが、心の明るい人は「みせばやな、心のくまも月かげも、すみだ河原の秋のけしきを」と喜ぶのです。私たちは、心の持ちようで幸福にも不幸にもなれるのです。

　今、1万円をもらったとしましょう。「すごい！　1万円だ。有り難いなあ」と思って感謝する人もいるでしょうが、「なんだ、たった1万円か」と思う人もいるでしょう。同じ1万円をもらっても、幸せに思う人と、そうでない人がいます。その違いはなぜでしょうか。

　お金の有り難みや、1万円を手にするのがどれほど大変かを知っているということが、1万円をもらって幸せに思えるかどうかの違いじゃないかと思います。

　同じように、学校生活も心の持ちようで楽しくもなり、そうでなくもなると思います。学校は楽しいところであってほしいと誰もが願っています。ただ、この「楽しさ」も、一時的な、あるいは表面的なものであってはあ

まり意味がありません。また、自分だけのものであっても困りますね。本当の「楽しさ」というのは、苦しさを経験し、それを乗り越えた時に感じるものではないでしょうか。「厳しさのないところに本当の優しさはない」と言われるよう

に、「苦しさなくして本当の楽しさはない」と思います。

　学校は勉強をするところです。「勉強」という言葉は和製語で、無理なことを無理してすることであって、本来、楽しくないことなのです。もちろん、苦労して勉強を成し遂げた時は、本当の楽しさを知ることが出来るでしょう。だから、私は、本当の楽しさと一時的・表面的・個人的な楽しさとを履き違えないように、敢えて次のように言いたいと思います。

　**学校は「苦しさ」を体験し、それを乗り越えて、本当の「楽しさ」を知るところであって、単に「楽しい」ところなんかじゃない。**

　さて次は、「愛の反対は何か」ということについてお話をします。
　「愛憎」という言葉があるので、「愛する」ことの反対は「憎む」ことだと思われるでしょうが、実はそうではありません。「可愛さ余って憎さ百倍」という言葉もありますが、愛することも憎むことも、相手に激しい感情を向けるという点では同じ行為です。大脳生理学者に言わせると、愛する時に脳から出るインパルスと憎む時に出るインパルスは、同じ部位から出ているのだそうです。だから、「愛」は時として「憎しみ」に変わることがあるのです。
　では一体、「愛」の反対は何かというと、それは「無関心」です。

たとえば、皆さんが家に帰って、家族に今日あったことや聞いてほしいと思っていることを一生懸命話しているのに、お父さんもお母さんもおじいちゃんもおばあちゃんも、誰もまともに話を聞いてくれなかったら、どうでしょうか？

きっと、悲しい思いをするでしょう。教室で、誰かが話をしている時に、その人の話をまともに聞こうとしないのも、相手を無視しているのと全く同じ行為ですね。

廊下に落ちているゴミやはがれている掲示物を見つけても、そのまま通過することは、日常生活の「無関心」です。「無関心はこの世の最大の不幸で、もっとも残酷な仕打ちだ」とマザー・テレサも述べています。「愛は地球を救い」ますが、「無関心は地球を滅ぼす」のです。


## 6. 何事も経験？ 令和3年7月21日

今日は、まず「適時期」の話をします。

神出中学校の皆さんは、ほぼ全員、自転車に乗れると思いますが、コマ（補助輪）なしの自転車に乗るのを覚えるのは、いつがベストだと思いますか？

2歳では少し早すぎるでしょうし、中学生になって初めてコマなし自転車に乗ろうとすると、少し苦労するでしょう。

いろんな研究の結果、左右のバランスが取れ、足の筋力のつく5歳がベ

ストだということがわかっています。

　つまり、5歳になった頃にコマを外して練習すると、一番ストレスがなく覚えられるということです。

　「適時期」の考え方をグラフで表すと、こんな感じです。

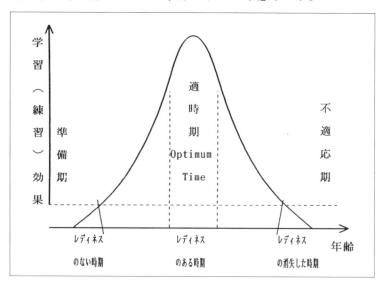

　運動やスポーツには適時期があって、クラウチングスタートを覚えるには中学2年生、竹馬乗りは9歳、走り高跳びの背面跳びは小学6年生、バレーボールも小学6年生から始めるのがいいという研究結果があります。

　運動やスポーツだけでなく、物事にはすべてこういう適時期があると思います。逆にいうと、今しか出来ないこともあるということです。

　仏教の浄土真宗を開いた親鸞聖人が、9歳の時に「明日ありと　思う心の　あだ桜　夜半に嵐の　吹かぬものかは」という歌を詠まれています。

　周りの人が「今日は夜も遅いので、明日になさいませ」と言った時に、今日はやめて明日見に行こうと思っていると、夜半に春の嵐が吹いて、散ってしまうかもしれない。今出来ることは今しておくべきだという意味ですね。

　東進という予備校の国語の先生で、よくテレビにも出演されている林

修先生の「いつやるか?」「今でしょ!」も同じニュアンスでしょう。

　では、皆さん、中学生の今、しなければならないことは何でしょうか? 特に、この夏休みにやった方がいいことは何でしょうか?

　「何事も経験することが大切」と教えられたことがあると思います。

Experience is the best teacher.（経験は最良の師）

Experience is the mother of wisdom.（経験は知恵の母）

　そんなことわざもあります。

　では、次の8項目、中学生の皆さんにとって、経験した方がいいことでしょうか? あるいは、経験しない方がいいことでしょうか?

　考えて手を挙げてみてください。

　①アルバイト　②一人旅　③バイクに便乗すること　④河川で泳ぐこと　⑤異性とのキス　⑥ワインを嗜む　⑦骨折の経験　⑧殴り合いの喧嘩

　⑧の「殴り合いの喧嘩」について、2、3歳の幼児同士がつかみ合いの喧嘩をしていても、むしろ微笑ましいと感じますが、さすがに小学生同士がつかみ合いの喧嘩をすると大けがのもとです。これが、中学生同士、大人同士だったらどうでしょうか? 場合によっては、一命を失うことにもなりかねません。大人になってつかみ合いの喧嘩をすることがいけないのは、経験しなくてもわかることでしょう。

　喧嘩のエスカレートしたものが、戦争です。

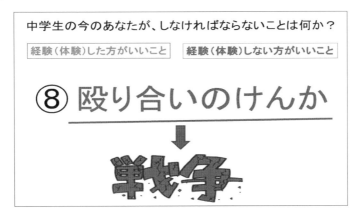

中学生の今のあなたが、しなければならないことは何か?

経験（体験）した方がいいこと　　経験（体験）しない方がいいこと

⑧ 殴り合いのけんか
↓
戦争

今、本気になって世界中の人々が戦争をすれば、人類が滅ぶでしょう。経験してみなければわからないというのは、何と愚かな考えであるかわかりますね。

　「経験がすべて」なのではありません。大人は、経験しなくてもわかることがあるということを知っています。Experience is the teacher of fools.（賢者は経験せずとも学ぶ）ということわざもあります。

　でも、世の中には、経験（体験）してこそわかるものもあります。要は、その見極め、判断力が大切だということでしょう。

　明日から夏休みです。どうか、今年の夏にしか出来ないことを優先し、健康・安全に気をつけ、二度とない一日一日を大切に過ごしてください。

# 7. 虹を作ろう

　勝負の行方は「運」次第、皆さんは運がいいでしょうか？

　「日本に生まれただけでも運がいい」と言う人もいますが、今日はさらに運がよくなる方法を教えます。

　さて、7月16日は、7と16で「ナナイロ」と読む語呂合わせと、梅雨明けの時期の空に虹が出ることが多いことから、「虹の日」とされています。

　"No Rain, No Rainbow" とは、ハワイのことわざで、「雨が降らないと虹は出ない」「雨があるからこそ虹が出る」という意味で、ハワイ語だと "Ole Ua, Ole Anuenue"（オレ・ウア, オレ・アヌエヌエ）といいます。

　今年、3年生が修学旅行で行った黒四ダムでは、放水時にきれいな虹が見えることが多いそうです。虹が見える条件は、次の通りです。

　①雨と晴れの境目で、空気中に水蒸気があること

　②影を作るくらいの強い太陽の光があること

③太陽の高さが低いこと

④太陽を背にすること

イギリスの俳優で映画監督、コメディアン、脚本家でもあったチャールズ・チャップリンは、こんな言葉を残しています。

"You'll never find a rainbow if you're looking down."

（下を向いていたら、虹を見つけることはできないよ）

偶然、虹を見ることが出来ると、誰もが「運がいい」とか「幸せだなあ」と思うでしょう。しかし、偶然に頼らなくても、虹を見ることは可能です。自分で虹を作って、「運がいい」「幸せだなあ」と思うようにすればいいのです。

淡路のニジゲンノモリに池の上をリフトが通っていますが、ゴール地点で放水をすると、夕方の条件がいい時にこんな虹が出来ていました。

ぜひ、皆さんも、朝方や夕方にホースで霧状に水まきをして、虹を作ってみてください。

ニジゲンノモリ（淡路島）

また、雨が降って屋外に出れなくても、室内で虹を作る方法もあります。水で満たしたペットボトルに懐中電灯の光を当てると、小さなサイズですが、虹を作ることが出来ます。

水を使わずに簡単に虹を作る方法もあります。暗い室内の中で、ＣＤに懐中電灯を当ててみると虹が出来ます。幸せが来るのを待つのではなく、自分から虹を作って、幸せを手にしましょう。

それから、日本では虹は７色が常識とされていますが、海外では違うようです。アメリカやイギリスでは一般的に６色と言われており、藍色を区別しません。また、ドイツでは紫色も区別せず５色となり、台湾のブヌン族では赤・黄・紫の３色、南アジアのバイガ族では赤と黒の２色だそうです。日本人の色に対する感性は実に繊細だということでしょう。

日本では、「７色の虹」の覚え方として、「せき（赤）・とう（橙）・おう（黄）・りょく（緑）・せい（青）・らん（藍）・し（紫）」と音読みで唱える方法が親しまれています。

また、クジラは虹を作る動物だということを知っていますか？ クジラが海面に出て潮を吹く時、タイミングが合うと虹が見えます。これをWhale Rainbow というそうです。

ところで、運命には、変えることの出来ない「天命」（宿命）と、努力次第で変えることの出来る「立命」があります。同じように、運にも「天運」と「地運」があります。つまり、運がいいかどうかは、自分次第だということです。

心理カウンセラーの植西 聰さんという人が、「運」のいい人の習慣術というのを述べていますので紹介しましょう。

法則１　日々の楽しみ方を知っている
法則２　他人のためをいとわない
法則３　周りの人を大切にしている
法則４　何事も柔軟に考えられる
法則５　いつでも目標をもっている
法則６　「絶対できる」と信じている
法則７　逆境はチャンスだと想っている
法則８　何でもとにかくやってみる
法則９　「みんなのこと」を考えている

# 8. 六根清浄（WILL の気持ちで！）

令和 4 年 6 月 20 日

　先週、目に見えなくても、耳に聞こえなくても、集中して心を研ぎ澄ませれば、感じるものがきっとあるはずなので、皆さんには、そういう「第六感」の鋭い人になってほしいという話をしました。

　第六感なんて未だにオカルトの世界だと思って認めようとしない人がいるかもしれませんが、東洋思想では、6 番目の感覚は当然のものとして認められてきています。

　仏教の教えの中に「六根」という言葉があります。六根の「根」は感覚器官などの感じる力を意味し、眼（視覚）・耳（聴覚）・鼻（嗅覚）・舌（味覚）・身（触覚）・意（意識）の五感＋意識のことを指し、人間の認識の根幹と考えられています。

　今日は杖を持ってきました。

　これは、富士山を登山する時に使う「金剛杖」で、ここに、「六根清浄」という言葉が書かれています。

　富士山に登る時、「六根清浄お山は晴天」と歌うと、高山病にかかりにくくするという効果があるそうです。

　六根清浄とは、「眼」で不浄を見ず、「耳」で不浄を聞かず、「鼻」で不浄を嗅がず、「舌」で不浄を味わわず、「身」で不浄に触れず、「意」で不浄を思わず、身も心も無垢清浄になろうという祈りの言葉です。

　六根清浄は、疲れて座る時などに出る言葉「どっこいしょ」の由来になったとも言われています。

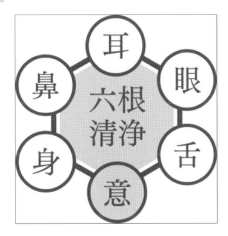

第 2 章　生活の知恵　45

さて、山登りをする時の心構えには、Must（義務感）、Can（得意）、Will（やりたい）があると言われています。これは、勉強する時も同じでしょう。最初はMustであっても、Canになり、

Willにレベルアップしていけるようにしましょう。

ところで、第六感とは「意識」であり、自身の波動を高め万物の意識と共感することですが、さらに、「第七感」と言われる感覚もあるそうです。「チャネリング」という人間の自分を超えた、より高次の意識とつながり、そしてそこからもたらされる意識のことです。

オーストラリアに５万年以上前から住んでいるとされる先住民のアボリジニは、他の国や文明と接触出来ないオーストラリア大陸に隔離されたことにより、他の民族が失ってしまった「人間本来の能力」を操り生きてきたと言われています。それは「テレパシー」による会話です。アボリジニは、独自の文字を持っていない民族で、文字を使わずに情報伝達を行っていたそうです。「第七感」と言われる「テレパシー」で、道具を使わず仲間同士で、普段から集合場所や時間を交信し合っていたのです。

さらに、「第八感」と言われる感覚は、神の意識の領域と言われています。神格と呼ばれており、「いくつもの原因と結果や根本原理を、無限に収めることが出来る蔵」だそうです。


## 9. 正考する人、成功する（ナポレオンに学ぶ）令和４年５月９日

今日は、「人生、成功するために……」というお話です。

大塚製薬などの大塚グループの育ての親である大塚 正士氏は、「人生は

正しい判断がすべてです」と述べています。正しく判断するのは、なかなか難しいことです。誰でも時には誤った判断をしてしまうことがあります。しかし、世の中、「ほとんど正しい判断をする人」と「しばしば判断を誤る人」とに二分化しています。

「ほとんど正しい判断をする人」に共通しているのは、豊富な情報を持ち、「正しく考える」人間であるということです。「正考」する人間は、「正考」する人を求め、そういう人からいろいろと学ぶので、「成功」する確率も高いわけです。したがって、正考する人を自分の師として持てるかどうかが、人生の成否の分かれ道と言っても過言ではないでしょう。

---

## ナポレオン軍『命令戦法』

ナポレオン自らが戦場に疾駆し、命令を参謀に伝え、指揮した。
部下たちは忠実にナポレオンの指揮を守り、言われたままの命令を遂行した。

## プロシア軍 『訓令戦法』

各参謀に、戦況をみつめて行動させる権限を与え、大将の指揮をきちんと遂行するだけでなく、各参謀が自分たちの持ち場で、考えて行動することを要求した。

---

　フランスのナポレオンは、自分の軍隊の中に「ライン・スタッフ組織」を作り、ヨーロッパを支配しました。「ライン」というのは、「実行する細胞＝部隊長」のことをいい、「スタッフ」というのは、「考える細胞＝参謀」のことをいいます。これらの考える細胞と実行する細胞がうまく組み合わされて運用された時、組織や集団はうまく機能するわけです。

　ナポレオンの指揮は中央集権的で、部下の行動を強く規制し、いわゆる「命令戦法」で快進撃を続けました。ナポレオンは騎馬が得意で、有名

なアラブの白い馬に乗って、自ら戦場に疾駆し、命令を参謀に伝え、指揮したと言われています。部下たちも、実に忠実にナポレオンの指揮を守り、言われたままの命令を遂行していたといいます。

　しかし、ヨーロッパ全土を支配したナポレオンも、1812年にロシアに出兵した時から勝てなくなりました。歴史の教科書には「ロシアでの寒さに、フランス兵士たちが負けた」と書かれていますが、実際の軍隊の力は圧倒的にフランスが強かったといいます。実は、この敗因は、戦場が拡大されたために、乗馬を得意としたナポレオンも指揮が十分にきかなくなったことにあるそうです。つまり、部下たちに戦争を任せざるを得なくなった時、それまで命令戦法で、言われたままのことしか出来なかった部下たちは、自分たちで判断し、行動することが出来なかったわけです。

　さらに、決定的なことが起こりました。1806年のイエナの会戦でナポレオンに敗れ、屈辱を味わったプロシア（ドイツ）は、ナポレオンに勝つために、命令戦法ではなく「訓令戦法」を取り入れました。訓令戦法とは、参謀自らに戦況を見つめて行動させる権限を与え、大将の指揮をきちんと遂行するだけでなく、各参謀が自分たちの持ち場で考えて行動することを要求したものです。そして1813年、ドレスデンの会戦で、「命令戦法」のナポレオンは、「訓令戦法」を取り入れたプロシアに敗れることになるのです。

一を聞いて十を知れ！

　どうか、皆さんは、これから、単に言われたままのことしか出来ないとか、決まったことしか出来ないということなく、自分で正しく考え、判断し、行動してほしいと思います。

# 10. 恩送り

　だんだんと暖かくなってきて、雷でも鳴れば、冬眠していた虫たちも目を覚まし、もぞもぞと地上に出ようとしてきます。……今年は、3月5日が「啓蟄」でした。

　ところで、動き出すものは、地中の虫だけでなく、皆さんの心の中にもありませんか？「サボリの虫」「なまけの虫」では困るのですが、何か「春になったらやろう」と思っていることはありませんか？　早速、今日から始めてみましょう。

　さて、卒業式がもう間近に迫ってきました。

　ところで、卒業の時は、「おめでとう」といいます。では、一体、何がおめでたいのでしょうか？

　人によってそれは様々でしょうが、一番、考えてほしいと思うことは、ここまで無事に育ってきたことをどのように捉えるかということです。

　中学卒業は義務教育の終了ですから、ほとんどの人は年齢がそれに達したら、卒業出来ます。別に卒業試験が悪かったからといって、卒業を延期させられるわけではありませんから、特に努力しなくても、卒業を迎えることは出来ます。だから、そのことに対して「おめでとう、よくやったね」なんてのはおかしいと思います。

　生まれてからこれまで、皆さんは多大な恩恵を受けてきたはずです。自然の恩、父母や家族の恩、先生や友達の恩、社会や学校の恩……。「恩」という文字は「心の原因」と書きます。心の元、つまり自分というものが、どこからやってきて、どんなふうに育ってきたのかを知ることではないで

しょうか。

　また、「恩」という文字は、「口」と「大」と「心」から成り立っています。「口」は環境、「大」は人が手足を伸ばしている姿です。何のおかげでこのように手足を伸ばしておられるかと思う心が、「恩を知る」ということです。

　これからは、受けてきた恩恵を、自分から発信することを考えましょう。「与えられる人」から「与える人」になること、これが大人になることと言えるかもしれません。

　「恩返し」という言葉がありますが、受けた恩をその人に直接返すというのは、なかなか出来ることではありません。しかし、受けた恩をまた別の人に送り伝えてゆくことは出来ますね。そのことを「恩送り」といいます。

　日本には、古くからの言葉で、「情けは人の為ならず」というものがありますが、「恩送り」はこれに当てはまると思います。

　近年、英語圏でも「恩送り」に相当する概念が、"Pay it forward" の表現で再認識されるようになってきているそうです。

　この "Pay it forward" をテーマに 2000 年に小説『ペイ・フォワード─可能の王国』が書かれ、この本のアイディアをもとにペイ・イット・フォーワード財団というのも設立されています。

# 第3章

# 夢を語る（スピリチュアルな世界）

この世の中には、人間の目には見えないものや耳に聞こえないものの存在がある。

たとえば、人間の耳は低い音で20Hzから高い音で20,000Hzまでの音しか聞き取れない。20,000Hz以上の高い音（超音波）を出す犬笛は、人間には聞こえない。

また、どんなに進歩しても、科学や医学では答えの見つからないこともあると思う。永遠の幸せとは何か、人生の目的は何か、死とは何か、などである。

スピリチュアルと思われる話には「夢」がある。京都大学総長で脳神経解剖学者の平澤　興氏は「夢を持たぬ人生は、動物的には生きていても、人間的には死んでいる人生」だと述べている。

子どもたちに「夢」を語ってあげたい。

# 1. 暗示と催眠

皆さん、おはようございます。

今日はまず、「ヒプノディスク」というものを見てもらいましょう。

雑念を排除し、集中力を高めるのに効果的なもので、雑念を排除した後に催眠をかけるとかかりやすいと言われています。

**ヒプノディスク**

さて、今日はその「催眠術」の話です。

私ごとですが、私の小学校6年生の担任の先生は催眠術が得意な方で、たとえば遠足などでバスに乗る前日になると、乗り物酔いをする児童を体育館に集め、催眠をかけておられました。すると、遠足では誰も乗り物酔いをしないのです。

悪いことをすると「手を机に置きなさい」と言われ、催眠をかけると手が動かなくなってしまい、延々と何が悪かったのか話をされました。

極めつけは、年齢を下げる催眠をかけられたことです。小学校5年生、4年生と年齢を下げられ、幼稚園にまで年齢を下げられました。そして、「昨日、行った遊園地の絵を描きましょう」と言われ、目をつぶったまま机に置いてあった画用紙にクレヨンで絵を描かされました。その後、元の年齢に戻してもらって、目を開けると、まるで幼稚園児が描くような絵が置いてありました。中には、「この絵と同じものが家にある」と言っていた友達もいました。

そして、卒業前、私は先生に呼ばれ、「小学校で、君ほど一生懸命遊んできた子はいない」と褒められ、「中学生になったら、今度は人の3倍、一生懸命勉強するんだよ」と言われたのです。素直だった私は「はーい！」と返事をし、まるで催眠にかかったように、中学校に入ってから一生懸命

勉強しました。

　しかし、今から思えば、催眠術にかかったというより、自分自身に暗示をかけてきたのかもしれません。

　「シュブルールの振り子」というのがあります。30cm程度の糸を１本用意して、その先に重りをつけます。椅子に座わり、テーブルの上に両肘を載せて、腕が震えないようにして指で糸の片端を軽く持ちます。糸の先をじっと見つめて、重りが前後に揺れ始めるところを想像するのです。すると、重りは揺れ出し、やがて心が念じた通り活発に揺れていくのです。「左右に揺れる」と念じれば、思い通り左右へと揺れ出し、「時計回りに円を描いて回れ」と念じれば、その通りにグルグルと回り出します。10人中９人はこの暗示にかかるそうです。

　暗示には、「他者暗示」と「自己暗示」と呼ばれるものがあります。

　朝、空が青々と晴れていて好天であれば、心も何となく弾んでくるでしょう。反対に、どんよりと曇っている日や大雨の時は、心も何となく重苦しくなってきます。また、図書館に行ったら、静かに勉強しようという雰囲気になりますが、ゲームセンターに行ったら、誰だって遊びたくなるでしょう。こういった自然環境や人間環境が「他者暗示」です。

　これに対し「自己暗示」とは、知らず知らずに自分の潜在意識の中に入

り込み、"やる気"を左右するエネルギーのもとになるようなものです。

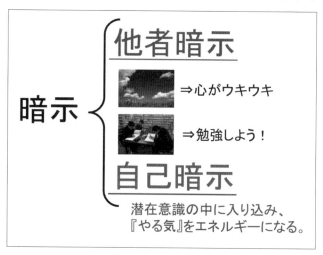

　つまり「自分はいつも運がいい」と思っている人は、それがプラスの自己暗示となって潜在意識に入り込み、その潜在意識が運の良くなるように働き、ますます運が良くなりますが、「自分は運が悪い」と思い込んでいる人は、ますます運が悪くなるものです。

　プラスの自己暗示をかけることが出来ない人は、なかなかやる気を起こすことは出来ません。要は、人から言われてではなく、自分から自覚し思い込まないと、やる気は起こらないということです。

　ところで、他者暗示は自己暗示に転化しやすいと言われます。たとえば、幼い時から、親や教師から「よく出来る」と認められ、よく扱われた子は、よく勉強する子になるといいます。これが有名な「ピグマリオン効果」というものです。

　ピグマリオンというのはギリシア神話に出てくるお話ですが、ピグマリオン効果は1968年にアメリカで発表された論文以来、学問的にも認められています。ぜひ、皆さんも「神出中学生だから〇〇だ」と、自分自身にいい暗示をかけて過ごすようにしてください。成功の鍵に「根拠のない自信」を持つことも重要です。

# 2. 嘘も百回、夢は叶う 令和 5 年 1 月 10 日

あけましておめでとうございます。

初夢は見ましたか？

1月2日の夜から3日の朝にかけて見るのが初夢です。宝船や七福神を描いた紙を枕の下に入れるとよいと言われています。よい夢とされている「一富士二鷹三茄子」は、徳川家康の故郷、駿河の3つの名物だという説があります。

さて、「夢」について、私の親友のN君の話をしましょう。

N君は神出中学校の出身で、高校の同級生でした。彼はパイロットになるのが夢でした。「夢は大空、パイロット！」……いつも彼はそう言っていました。

高校卒業後、パイロット養成学校を受験しましたが、不合格。1年間浪人を余儀なくされました。東京の予備校に通い、満を持して2回目の受験をしましたが、なんとまたも不合格でした。当時は、パイロット養成校に入るのは19歳（一浪）までという条件があり、その時点で、彼はパイロットになることを諦めざるを得なかったのです。彼は結局、三浪して仕方なく北海道大学に入学したのです。

ところが、彼が大学3回生になった時、パイロット養成校入学の年齢条件が変更になり、25歳まで受験出来ることになったのです。彼は北海道大学を3年間で中退し、結局6年間の回り道をして、パイロット養成校に入学しました。パイロット養成校では首席で卒業し、同期のパイロットからは羨望の眼で見られています。

夢を諦めない。夢を持ち続けていると、いつかはきっと叶うという身近な例です。

ところで、以前、少年院を慰問し、入所している少年たちを相手に漢字の授業をしているゴルゴ松本さんという方を紹介したと思いますが、ここ

からはゴルゴ松本さんの「命の授業」の話です。

　「命」という字は、人を一叩きと書きます。これは、決して、他人を殴ったり叩いたりするということでありません。自分を鍛える（一叩き）の連続、それが命。
　この命を生んでくれたのはお母さん。お母さんは命がけで新しい命を産んだのです。出産の時に命を落とすこともあります。だから、女の人は偉い。漢字に女偏の漢字はたくさんあります（257以上もあるそうです）が、男偏はゼロです。女偏に土台と書いて「始」、人間は全て女の人から生まれてくるのです。だから、女の人を大切にしようということを、私たちの祖先はずっと守ってきたのです。
　「夢」を持ち、夢に向かって頑張ろう。しかし、思うようにいかないと、弱音や愚痴を「吐」く。弱音や愚痴は、口に出してどんどん「吐」けばいい。しかし、そのマイナスを少しずつ取り除くと夢は「叶」う。そして、今度は、いい言葉は口に出して「叫」ぶと、夢は叶う。


　先日、児童館に行ったら、ある小学生がノートに「漢字は36回書いて覚える」と書いてありました。「これ、誰に教えてもらったの？」と聞くと、「中学生のお兄ちゃん」と答えてくれました。神出中学校の「家庭学習のてびき」にも書いていますが、学習には繰り返しが必要で、記憶が定着するには「36回」の復習が必要と教えたと思います。
　今日は、皆さんにもう1つ、大事な数字を教えます。
　それは100回です。
　人の成長は、日々の努力に正比例しません。努力直線に対し、成長曲線は、ある時に加速度的に訪れるものです。そのブレークスルー（突破口）の目安は、100回、あるいは100日です。絵でも、「100回描け」と言われますし、刑事さんも事件解決のためには、「100回現場に行け」と言われるそうです。「嘘も100回言えば、真実になる」のです。決して「嘘を

56

言っていい」と言っているのではありません。今は「嘘だろう」と疑われるようなことであっても、信念を持って 100 回唱えてやれば、いつかは可能になるということです。いいことを続けるにも、何回も何回もそれを口に出し、周りの人に宣言してやるといいと思います。

　ディズニー映画の『シンデレラ』の名セリフに、「夢は叶うもの」というのがあります。A dream is a wish your heart makes.（夢はひそかに）と訳されています。

　自分の夢も 100 回唱えてください。

# 3. 第六感（sixth sense）を磨く　　　　　令和 4 年 6 月 6 日

　今日は 6 月 6 日、何の日か知っていますか？
　「おけいこの日」で、昔から、6 歳になった 6 月 6 日から芸事を始めると上達すると言われているそうです。「いけばなの日」「楽器の日」でもあります。そこで、今日は「6」に関係するお話です。

前々回の全校朝礼で、スライドで「ミュラー・リヤー錯視」など、目の錯覚の話をしたと思います。

　特に近代科学では、「見る」ことを重視し、顕微鏡を発明してミクロの世界を発見し、望遠鏡を発明してマクロの世界を見てきました。しかし、人間の視覚はだまされることが多いので、目は悪いけれど、羊のように「聞く」ことを大切にしましょうという話をしました。

　今日は、犬笛を持ってきました。人間の耳は低い音で20Hzから、高い音で20,000Hzまでの音しか聞き取れないと言われています。ところが、犬は50,000 Hz、中には80,000 Hzの音を聞き取れる犬もいるそうです。犬笛は20,000 Hz以上の高い音（超音波）を出すので、人間には聞こえません。

**犬笛**…16,000Hz〜22,000Hzの音を出せる。

※人の聞ける音域は、20Hz〜20,000Hz

　超音波と言えばコウモリが有名ですが、コウモリなんかは、50,000〜100,000 Hzの音を出して、それが反射して返って来る音を聞き分けて、闇夜を飛び回っているので、人間には決して聞こえません。

　私たちは情報を得るのに普段、五感（視覚、聴覚、触覚、味覚、嗅覚）を活用しています。しかし、鋭く物事の本質を掴む感覚として、理屈では説明しにくいけれど、これら五感を超える、六番目の感覚というものがあります。これが、いわゆる「第六感」、シックスセンス sixth sense です。

　「勘が鋭い」人とか、「霊感」や「超能力」などのインスピレーションが

働く人、「直感力」に優れた人などということもあるでしょう。

　たとえば、「自転車を運転していて、あの角から何かが飛び出してくるのがわかる」とか、「部屋の中を見回してみて、無くしたものがここら辺にあるような匂いを感じる」とか、「今、あそこの地域に出かけたら、地震や火事などに遭う予感がする」など、未来を予知・予言することによって、危険を回避すること、いわゆる「虫の知らせ」を感じた経験のある人もいるでしょう。

　また、「相手が嘘やごまかしをしているのがピンとわかる」とか、「人の気持ちを察することが出来る」など、危険予知の能力の他に、周囲の人が何を思っているのかを察知する感受性や相手の感情に共感出来る力に優れているなど、気配りの能力の側面もあります。

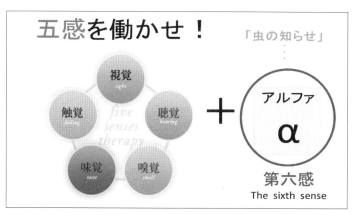

　この「第六感」の鋭い人には、4つの特徴があるそうです。
①経験値が高いこと
②素直であること
③自分に自信を持っていること
④集中力があること

　目に見えなくても、耳に聞こえなくても、集中して心を研ぎ澄ませれば、感じるものがきっとあるはずです。

　皆さんには、そういう「第六感」の鋭い人になってほしいと思います。

# 4. 龍を感じる

　今日はまず、ある国の国旗を見てもらいましょう。

　「世界一幸せな国」として知られるブータン王国です。ブータン王国の国旗には、ドゥクと呼ばれる白龍が描かれています。

　白龍は王家の守護神で、寛大と清浄を表し、龍の爪の中で留められた4つの宝石は富を象徴しています。また、白は清らかな心を、対角線で区切られている黄色は王家の権威を表し、オレンジ色はラマ教（チベット仏教）への信仰を表しています。

　ワンチュク国王は、26歳の若さで2006年にブータン国王となられました。2011年11月、東日本大震災の被災地、福島県相馬市の桜丘小学校を激励に訪れた時のお話です。

　皆さんは、龍を見たことがありますか？

　私はあります。王妃もありますね。

　龍は何を食べて大きくなるのか知っていますか？　龍は、「経験」を食べて大きく成長していくのですよ。

　私たち一人ひとりの中に「人格」という名の龍が存在しているのです。その龍は、年を取り、経験を食べるほど、強く、大きくなっていきます。

　人は経験を糧にして、強くなることが出来るのです。

　そして何よりも大切なことは、自分の龍を鍛えて、きちんとコントロールすることです。

　世界で初めて、国の発展を図る指針として、ＧＮＰ（国民総生産）ではなくＧＮＨ（国民総幸福量）を取り入れたのはブータンだと言われています。

国連が 2012 年から「世界幸福度ランキング」という調査を行っています。世界 150 以上の国と地域を対象とした大規模な調査で、各国の幸福度は、主に「主観的な幸福度」によって決定されています。

　ブータンは 2013 年、北欧諸国に続いて世界第 8 位となり、"世界一幸せな国"として広く知られるようになりました。国民が皆一様に「雨風をしのげる家があり、食べるものがあり、家族がいる。それだけで幸せだ」と答える姿が報じられました。しかし、ブータンは 2019 年に 156 カ国中 95 位にとどまって以来、このランキングには登場していません。

　2022 年の「世界幸福度ランキングベスト 10」を紹介しましょう。

1 位 フィンランド（5 年連続）
2 位 デンマーク
3 位 アイスランド
4 位 スイス
5 位 オランダ
6 位 ルクセンブルク
7 位 スウェーデン
8 位 ノルウェー
9 位 イスラエル
10 位 ニュージーランド

　日本は例年、順位が振るわず、2022 年の最新ランキングでは 54 位と前年の 56 位より上がったものの、G 7（先進 7 カ国）の中では最下位でした。

　さて、龍の話に戻ります。

　神戸総合運動公園の近くに、高塚山と呼ばれる標高 186 mの山があります。神出中学校の北側にある雌岡山の 241 mよりやや低い山ですが、この山の頂上には龍神が祭ってあります。近くの神戸高専には雷を実験的に起

こす研究室がありますが、昔からこの辺りには雷がよく落ちたのかもしれません。

この高塚山の山頂に祭ってある龍神は、約1,000年前、琵琶湖の竹生島（ちくぶ）というところから呼ばれてきた神様だと書かれているのです。

竹生島は琵琶湖の北部に浮かぶ島で、神社とお寺が共存して祭られています。行ってみると、龍が昇るという木がありました。この辺りの湖面を見ると、湖とは思えないぐらい、水流が激しいのです。昔の人はこの湖面を見て、龍がうごめいていると感じたのでしょう。

龍は日本各地で祭られています。京都の天龍寺の「雲龍図」や建仁寺の「双龍図」などは、とても迫力があります。龍は水をつかさどる神様なので、お寺の屋根に龍を描いて、火事にならないように祭ったのです。

京都市伏見区の「八大龍王辨財天」や高松市の田村神社の龍の彫刻も、見る人を感動させます。熊本市立池上小学校の校舎の壁には味生池の龍が展示されています。

いくつか、私が出会った「龍雲」を見てもらいましょう。

龍神というのは、自然の中に動いているエネルギーのようなもので、雲や雨や風になって感じることの出来るものだと思うのです。

「風水」というのを聞いたことがあるでしょう。5,000年以上も昔の中国で発祥した環境哲学で、自然と人々の暮らしをよりよいものにするための智慧として受け継がれてきたものです。

都だった京都は、この風水の考えで作られています。東西南北の方角には、幸運を呼ぶとされる四体の霊獣がおり、四霊（しれい）、四獣（しじゅう）、四象（ししょう）、四神（しじん）とも呼ばれています。

東の八坂神社には春を意味する「青龍」、南の城南宮には夏を意味する「朱雀」、西の松尾大社には秋を意味する「白虎」、北の上賀茂神社には冬を意味する「玄武」が祭られています。中央の平安神宮を入れて、「京都五社めぐり」という有名なイベントがあります。

西洋では、龍に似た「ドラゴン」というのがギリシャ神話の中に出てきます。霊力を持ち、翼のある爬虫類を思わせる空想上の怪物です。しかし、龍と違って、空を舞い、火を噴き、人を食べるというドラゴンは、英雄ないし神によって退治されてしまう魔神の存在です。

また、インドでは、ヒンドゥー教の神に「ナーガ」と呼ばれる神様がいますが、これは蛇の精霊あるいは蛇神のことで、インドコブラを思わせる容姿をしており、これも日本や中国の龍とは明確な一線を画しており、異なる存在です。

さて、2001年に公開された宮崎 駿監督のジブリ映画『千と千尋の神隠し』の興行収入は316億8,000万円で、『タイタニック』を抜いて当時の日本歴代興行収入第1位を達成し、2020年の『劇場版「鬼滅の刃」無限列車編』が記録を更新するまで、20年近くにわたり首位記録を堅持しました。そして、今年（2022年）、『千と千尋の神隠し』は舞台化もされました。ここにハクと呼ばれる「ニギハヤミコハクヌシ」という名の龍が出てきます。それから、昨年流行った映画で、『竜とそばかすの姫』というのがありました。

ちなみに、「竜」と「龍」の漢字がありますが、常用漢字の「竜」は「龍」の省略体ですので、違いはありません。

　さて、「龍」の存在を感じるとどうなるのでしょうか？

　「龍神とつながる」という表現をする人もいますが、まず、世界観が変わると思います。

　水が蒸発して雲となり、風に流されて、雨となって地上に落ちてきて流れていく……そういう、自然の中のエネルギーの流れのようなものを感じると、「世の中、理不尽なことばかり。犯罪や戦争はなくならないし、災害や事故だって起きる」「事件に巻き込まれたり、不運なことに遭ったりする人がいる」「人は信頼出来ない」というようなマイナスの世界観ではなく、「私は自然の中で生かされている」「世の中は自分の味方だ」「自分は運がいい」というようなプラスの世界観を持つことが出来ます。つまり、「有り難い」という感謝の気持ちが生まれるはずです。

　それから、「人間、何があっても基本的には大丈夫。帰れる場所がある」とわかっていれば、思う存分、冒険が出来るでしょう。心理学では、そういう世界観が心の安全基地になるのです。これを「セキュアベース」と呼んでいます。龍の存在を感じてセキュアベースが出来ると、思考が柔軟になり、人生をより前向きに生き、安心して物事にチャレンジ出来るようになるでしょう。したがって、龍の存在を感じると「運」がよくなるのです。


# 5. 神出中をパワースポットに！　　令和4年10月17日


　日本を東西に分ける糸魚川静岡構造線（フォッサマグナ）上に、分杭峠というところがあります。「ゼロ磁場」として有名で、磁石がくるくると回る所で、ここで写真を撮ると、不思議な光が写ったり、病気が治ったりするそうです。

このような大地の力（気）がみなぎる場所を最近、「パワースポット」と呼んでいます。

　日本では、古くからパワースポットを「弥盛地」と呼んでいたようです。これは快適で居心地のよい空間のことを指し、神社や仏閣はもちろん、草木が生い茂り、動植物が生き生きと暮らす場所でした。

　神社などは、もともと、そのような地を求め建立されてきたという背景もあります。

　パワースポットは、次のように大別することが出来ます。

・神社・仏閣
・霊山（山岳信仰の対象となった山）
・温泉、湧き水、水蒸気、ガス、溶岩、火山など、地中からの物質が出ているところ
・電磁場のあるところ（ゼロ磁場）
・滝や森林など、マイナスイオンが大量に発生しているところ
・龍穴（風水でいう大地の気が吹き上がるため繁栄される土地）上にある建物

　近畿地方の日本神話に関係の深い５つの聖地（伊吹山、伊勢神宮、熊野本宮大社、伊弉諾神宮、大江山元伊勢）を結ぶと、きれいな五芒星が浮かび上がります。これは「レイライン」と呼ばれています。この中心には奈良の平城京があり、上の交点には京都の平安京、下の交点には藤原京が位置しています。

　日本で最も有名な「レイライン」は、北緯35度22分上にある「ご来光の道」と言われるものです。

　東の千葉県上総一ノ宮の玉前神社から西の出雲大社まで700km。同緯度上に富士山、伊吹山、竹生島、元伊勢、大山などの聖地が並び、春分と秋分の太陽が結びます。

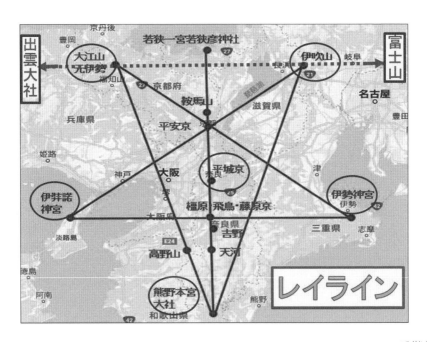

　また、千葉県の鹿島神宮から、皇居、富士山、伊勢神宮、吉野山、剣山、高千穂を結ぶ「夏至のレイライン」というのも有名です。

　他にも「東京スカイツリーのレイライン」や「日本三大金運神社のレイライン」「平将門の首塚を封じ込める北斗七星の形のレイライン」などがありますので、興味ある人は調べてみてください。

　さて、近畿地方には、滋賀県の竹生島、三重県の伊勢神宮、奈良県の那智の滝など、有名なパワースポットがありますが、そのうち、奈良県の玉置神社、京都府の鞍馬寺、大阪府の二ノ宮神社について、紹介しましょう。

　まず、奈良県の玉置神社ですが、紀伊山地の山奥にある神社で、「選ばれた人しか行けない神社」だそうです。私が訪れた時は、雲海の上に浮かび、いくつかの写真にはまぶしい光が写り込んでいました。

　次に、京都府の鞍馬寺は、源義経が牛若丸と呼ばれていた幼少期に、鞍馬天狗と修業をした所として有名です。本殿金堂前の金剛床には「六芒星」が描かれており、ここに立って両手を広げ、空を仰いで祈ると、宇宙

のエネルギーと一体化して願いが叶うと言われています。御本尊は、千手観音菩薩、毘沙門天王、護法魔王尊が三身一体となった秘仏となっており、60年に一度丙寅の年に開扉されます。「月のように美しく、太陽のように温かく、大地のように力強く」という教えが書かれてあります。

　最後に、大阪府枚方市にある二ノ宮神社は、織田信長が社殿を修繕したり、豊臣秀吉の子どもである豊臣秀頼が大坂城の鬼門鎮護の神社として崇敬したりしたなど、歴史のある神社です。「おかげさま参り」というのが有名で、願いを叶えることは、神にお願いするだけでなく、私たちの心掛けが大切だと教えています。願いごとを叶いやすくする方法は3つ、「物事を前向きに考えること」「感謝の心を持つこと」「笑顔」です。私たちが普段から意識したいことですね。

　ところで、自分にとって一番のパワースポットは、自分の生活している場がそうなることだと思います。すなわち、家に帰ったら、居心地がよく、疲労が回復し、エネルギーが充填されるというのが理想ですし、学校も、よく清掃をし、清潔に努めるとともに、植物を育てたり、掲示物をこまめに張り替えたりすれば、パワースポットになります。「神出中学校をパワースポットに！」が私の願いです。

　沖縄県宮古島の離島に、大神島という島があります。ここも有名なパワースポットです。一説には、17世紀にスコットランドで生まれた海賊キャプテン・キッド（ウィリアム・キッドの通称）が財宝を隠したとも言われていますが、「呼ばれた者しか行けない神秘の島」とされています。

　この島に昔から語り伝えられてきたことわざがあります。「かんまなかたや　にんげんなあたたや」といって、人間は喧嘩してもその日や翌日には仲直り出来るが、神様は気づき、反省するまでは、じっくり見ていて後から罰を与えるという意味です。「人間は見ていなくても神様は見ています。神様に失礼のない行動と心がけをお願いいたします。島に訪れる人に愛と光と喜びを」と掲示されていました。

　この宮古島にある宮古島市立平良中学校では、「**当たり前の事が当たり**

前にできる強い人になろう！」というキャンペーンをしており、生活信条十箇条というのを掲げています。

1　朝、決まった時間に起きる
2　家族とあいさつを交わす
3　朝食を必ず摂る
4　社会の規則や校則等を守る（ルールやマナー、服装、身なり、約束、時間）
5　登下校を自分でする（送ってもらわない）
6　真剣に授業を受ける
7　家で毎日手伝いをする
8　ものと心の後始末をきちんとする
9　家庭学習を必ずする
10　決まった時間に寝る

どうですか、私たちも、当たり前のことを当たり前にすることで、神出中学校を「パワースポット」に出来ると思います。

# 6. 奇跡を起こす

　あっという間の夏休みだったと思いますが、様々なところで皆さんの活躍ぶりを見ることが出来ました。その一部をホームページにもアップしていますので、一度見てみてください。

　さて、今日は「奇跡を起こせ！」という話です。

　まず、この夏休みに実施した水泳の講習会での奇跡をビデオで見てもらいましょう。1学期に「近代4泳法の中で最も簡単な泳ぎはバタフライ」で「泳げない人でも、うがいが出来れば、バタフライが出来る」と言いましたが、3日間参加した生徒たちは、全員25mをグライドバタフライで泳げるようになりました。中には、50mを完泳した生徒もいました。

　スキャモンの発育曲線によると、人の成長には「一般型」「生殖型」「神経型」「リンパ型」があります。技術の上達には、技術の伸び悩む「スランプ」や「プラトー」の時期があったりしますが、コップの水が、ある時、溢れ出るように、急に技術が伸びる「ブレイクスルーポイント」があります。

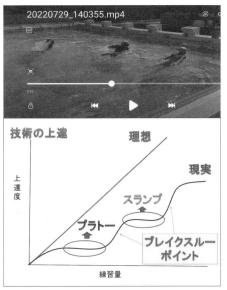

**夏休み水泳(バタフライ)講習会**

「近代4泳法の中で最も簡単な泳ぎはバタフライ」
「泳げない人でもうがいができれば、バタフライができる」

　しかし、実際には、人の成長や技術の向上は、ＤＮＡの二重らせん構造と同じように、らせん階段を昇るように伸びていくものだと思います。ですから、Ａということに取り組んだら、それが出来るようになるまで待つのではなく、次にＢに取り組み、ある程度、取

り組んだらCに、続いてDにと取り組
むのです。そして、また、Aに戻って
くると、不思議と出来なかったことが
出来るようになっていたり、わからな
かったことがわかるようになっていた
りするのです。

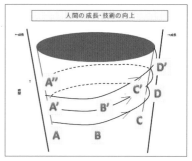

　たとえば、「愛する」ということも、
対象を「自分」⇒「家族」⇒「友人」⇒「学校」⇒「地域」⇒「自然」と
広めていって、また「自分」に戻ってみると、自分の素晴らしい長所にあ
らためて気づくなど、バージョンアップしている自分を知るでしょう。

　一番よくないのは、最初から「出来ない」「わからない」と言ってやろ
うとしないことです。まず、やってみる「勇気」と「素直さ」があれば、
必ず出来るようになり、わかるようになります。

　最後に奇跡を起こす方程式というのを紹介しましょう。神戸市長田区の
出身で「還暦のプロゴルファー」と言われた古市　忠夫さんが「奇跡＝才
能×努力×感謝力」という方程式を示されています。この中で、最も重要
なのは「ありがとう」という感謝の心なのだそうです。

　R.W.トラインという人は、「感謝の心には奇跡が宿る」という言葉を述
べています。


# 7. 朝日を見て「意宣れ！」　　　　令和3年12月24日

　まもなくお正月ですが、お正月には、凧揚げ、コマ回し、羽子板、福笑
い、カルタなど、日本古来からの多くの行事があります。

　ところで、正月の「正」という字を字引で引くと、何ヘンで引くかわか
りますか？　漢和辞典では、「止」ヘンで引くのです。つまり、「正」とい

う字は、「一に止まる」と書きます。

　では、「一」とは何かというと、「原点」「自分」「わたし」のことです。つまり、自分が人間として原点に止まることが「正」なのです。そして、自分が本来の原点の自分に立ち帰る月、それが正月ということになります。

　さて、「自分とは何か？」と考えたことがありますか？

　実は、自分には３つあるのです。

　１つ目は「偽りの自分」です。親の敷いたレールの上を走って、「いい子」を演じている自分です。自分の本音に嘘をつきながら、親や先生を喜ばせるかのように振る舞っている自分です。

　これに対し、２つ目は「本当の自分」です。親の手綱から解放され、自分の好きなことに熱中している自分です。親から「勉強しなさい」と言われても、部屋にこもってゲームをしている自分です。

　この「偽りの自分」と「本当の自分」には共通点があるので

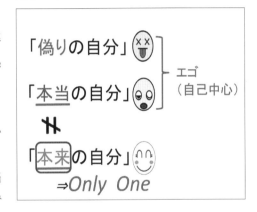

すが、わかりますか？　それはエゴです。「偽りの自分」は親のエゴの支配下にあり、「本当の自分」は自分自身のエゴの虜になっています。いずれも、自分さえよければいいという自己中心に行動の動機が置かれているのです。

　では、３つ目の自分は何かというと、エゴ的な自己中心ではなく、他人を思いやり、他者中心になるという「本来の自分」です。「本当」と「本来」は違います。「本当」は文字通り、本当で、遊びたい自分も本当なら、勉強を頑張る自分も本当でしょう。あれもこれも、すべて本当なのです。これに対し、「本来」は１つしかありません。１つしかないから本来なのです。

人は誰も、自分の顔を直接見ることが出来ません。鏡に映った顔は反対の顔ですし、写真に写った顔もレンズを通して見たものです。
　「ジョハリの４つの窓」というのがあります。

　①自分も他人も知っている自分
　②自分は知らないが他人は知っている自分
　③自分は知っているが他人は知らない自分
　④自分も他人も知らない自分

　これら４つの窓があり、閉じられているのが④の窓であるといいます。
　この④の窓をいかに開き、いかに潜在能力を引き出すかで、その人の人生は大きく変わっていくと言われます。
　"Boys. Be ambitious!"（少年よ、大志を抱け）と言えば、札幌農学校初代校長のクラーク博士の残した言葉で有名です。今でも北海道大学のキャンパスには、クラーク博士の像が置いてあり、その像の下に英文が書かれています。

| Boys be ambitious. | 少年よ大志をいだけ |
| not for fame, | 名声のためではなく |
| not for money, | 金のためではなく |
| not for self-aggrandizement, | 自己権勢のためにでもなく |
| but for self-fulfillment. | 自己達成のために |

　しかし、この英文は、後世の人が作ったそうで、本当は次の文が正解だったようです。

| Boys be ambitious, | 少年よ大志をいだけ |
| like this old man. | この爺のように！ |

さて、「志」というのは、目的と意欲の合体したものを言い、「決意」とか「意志」と読み替えてもいいと思います。

　日本には、古くから「一念岩をも通す」という言葉がありますが、これには、「決意」や「意志」を持つことに加えて、その「志」を信じるという意味があります。

　アメリカでベストセラーになった本に、『信念の魔術』（クラウド．Ｍ．ブリストル）というのがあります。仕事でも健康でも、何でも求めるものを生活の中で信念として持ち続けると、いつかはその通りになるということです。カードに自分の「志」を書き、目につくところに貼り付けたり、肌身につけ、24時間その欲求を持ち続け、必ず叶うと信じると、予想もしなかった時に願いが叶うそうです。

　皆さんも年末年始には、手を合わせて「祈る」機会があると思います。実は「祈る」といっても、いくつかの種類があるのです。

　1つ目は、「ちょうだい」という祈りです。こうしてください、ああしてください、こうなりますように、ああなりますように、という祈りで、これはお寺でも神社でもするでしょう。

　2つ目は、「嘆きの祈り」です。なぜ自分は不幸なのか、どうして思い通りにいかないのか、どうして自分の願いを叶えてくれないのか、と嘆くのです。神様にぶつぶつつぶやくことがありますが、これも一種の祈りです。

　3つ目は、感謝したり賛美したりする祈りです。食べものに感謝する、今日一日の無事を感謝する、素晴らしい自然や出来事に出会った時に、それを讃えることです。

　こうした祈りは普通にされていますが、もう1つ、とっても大事な祈りがあります。それが4つ目の「知る」という祈りです。自分は何者なのだろうかと、自分を知る祈りです。この友人は何に苦しんでいるのだろうかと、友を知ろうとすることも祈りです。日本や世界の各地で起こる事件を知ろうとすることも祈りです。事柄の悲惨さを知ることによって、どうす

ればいいのだろうかと、自分に何が出来るだろうかと考えることが出来るからです。

　本来、「祈る」という文字は、「意宣る」と書くのです。神様に向かって「○○をしてください」とお願いするだけではなく、自分の意識、心に思っていることや考えていることを宣言することなのです。

　そこで、私は皆さんに冬休みの宿題を出します。正月とはいいませんから、冬休み中に、一度でいいので日の出を見てほしいのです。そして、手を合わせて、自分の心に思っていることや考えていることを宣言してみてください。

## 8. 魔法の言葉　　　　　　　　　　　　　　　　　　令和3年5月10日

　今日はスライドを使って、神出中学校の今年度のスローガン「神出オアシス」の「ア」、「ありがとうございます」から、言葉のお話をします。

　「ありがとう」という言葉は、感謝を表す言葉ですが、漢字で書くと「有難う」「困難が有る」と書きます。困難なことが有って、どうして有難いのかと疑問に思うところですが、困難を乗り越えてこそ生きる力が強くなり、振り返ってみれば困難なことに感謝出来るということでしょう。

　もう1つ、「ありがとう」には意味があって、もともと「有り難い」とは、めったにないこと＝奇跡という意味があり、これは仏教のお話に由来しています。

　ある時、お釈迦様が弟子の阿難に、人間に生まれたことをどれくらい喜

んでいるかと尋ね、阿難が答えに窮していると、お釈迦様は次のような譬え話（筆者要約）をしたそうです。

　果てしなく広がる海の底に、目の見えない亀がいる。その亀は、百年に一度、海面に顔を出す。広い海には一本の丸太が浮いている。その丸太の真ん中には、小さな穴がある。丸太は、風に吹かれるまま、波に揺られるまま、西へ東へ、南へ北へと漂っている。

　百年に一度浮かび上がるその目の見えない亀が、浮かび上がった拍子に、丸太の穴に、ひょいっと頭を入れることがあると思うか。

「盲亀浮木」の譬え

　私たちが人間に生まれることは、その亀が、丸太棒の穴に首を入れることがあるよりも、難しいことなのだ。有り難いことなのだ。

　この話は「盲亀浮木の譬え」といいます。

　さて、まもなく5月18日は「言葉の日」です。
　皆さん。今朝起きてから学校に来るまで、どんな言葉を発しましたか？それは、プラスの言葉、マイナスの言葉、どちらでしょうか？
　プラスの言葉では「いい天気だなあ」「今日も頑張ろう！」、マイナスの言葉では「あー月曜日か、しんどいなあ」、そのどちらでもない言葉もあるでしょうが、プラスの言葉とマイナスの言葉、どちらを多く発してきたでしょうか？
　古来から日本人は、日本語に

言魂

5月18日は「ことばの日」

「言霊」が宿ると考えており、美しい言葉を使ってきました。「なし」とか「する」という言葉を嫌って、果物の「なし」を「ありの実」とか、「するめ」のことを「あたりめ」と言ってきました。

　心理カウンセラーのラッキーという方が、「言霊」を用いた実験を行っています。鶏の卵を2つ割ってそれぞれケースに入れ、1つには「ありがとう」「大好き」「うれしい」というよい言葉を浴びせ、もう1つには「めんどくさい」「うざい」「うっとうしい」という悪い言葉を浴びせ続けるとどうなるかという実験です。

　3日目、悪い言葉を浴びせた卵が約5秒後に、音を立てるように、黄身がパーンと弾けました。

　7日目、よい言葉の方は変化はありませんでしたが、悪い言葉の方は水のようにシャビシャビになり、悪臭が発生します。

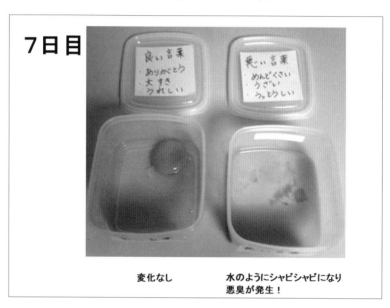

　20日目になると、よい言葉の方には緑のカビが生えましたが、食欲をそそる香りがします。一方、悪い言葉の方は、黒いカビが生え、さらにひどい悪臭がしました。

そして、24日目、よい言葉の方は黄身がカビに覆われましたが、熟成発酵したような食欲をそそる香りがするのに対し、悪い言葉の方は、分厚い黒カビが出来、目が痛くなるような悪臭が出ました。

　このような実験は、数多くあります。水を使った実験なんかも有名です。私たちの体は、多くの水を含んでいますから、言葉が水に影響するということは、言葉は私たちの体や健康にも影響するということでしょう。

　毎日使う言葉、どんな言葉を使うかは意識した方がいいと思います。

　意志（イシ）が濁れば、イジ（意地）になります。

　口（クチ）が濁れば、グチ（愚痴）になります。

　徳（トク）が濁れば、ドク（毒）になるのです。

　体育の先生で、見本でバク転をした時に首の骨を折り、首から下が麻痺状態となり、口で絵筆をくわえて多くの詩集を書いてこられた星野　富弘さんが、こんな言葉を書き残しています。


　鏡に映る顔を見ながら思った。

　もう、悪口をいうのはやめよう。

　私の口から出たことばを

　いちばん近くで聞くのは

　私の耳なのだから……。


　「人を呪わば穴二つ」という言葉がありますが、この「穴二つ」というのは、相手と自分の分で墓穴が2つ必要になるということです。他人の悪口を言うと、その言葉を一番聞いているのは自分の脳なので、自分が死ぬのです。

　五日市　剛さんという方が、『ツキを呼ぶ魔法の言葉』という著書の中で「ありがとうございます」「感謝します」「ツイてるツイてる」という3つの言葉を言い続けると運がよくなってくると述べています。

　また、小林　正観さんという方が「ありがとうの法則」というのを述べ

ておられます。「ありがとう」という言葉を2万5千回言うと涙が溢れ出し、5万回言うとある奇跡が起こるのだそうです。

　普段から、使う言葉を意識して生活をしましょう。「ありがとうございます」という言葉を意識して使えるようにしましょう。

# 第4章
# 教養を高める

　学校を卒業してしばらく復習をしておかないと、授業で習った知識はすっかり忘れてしまっているという経験をお持ちの方も多いだろう。

　しかし、一度乗ることの出来たコマなし自転車や水泳など、体で覚えたものはあまり忘れない。それが教養である。

　ドイツの物理学者アインシュタインは「学校で学んだことを一切忘れてしまった時に、なお残っているもの、それこそ教育だ」という言葉を残している。

　教養を持つということは、本来、人格を高め、人生を豊かにし、幸福を得ることである。

　授業ではあまり教えない教養を身につけさせたい。

# 1. 宗教を学ぼう

　皆さん、おはようございます。

　世界一のベストセラーは何か知っていますか？　そう、「聖書」です。

　少なくとも 50 〜 60 億冊以上発行されたと言われています。

　聖書には旧約聖書と新約聖書がありますが、これには十字架に架けられたイエス・キリストが生まれる前と生まれた後のことが書かれています。

　旧約聖書には、まず最初に「創世記」というのがあって、「はじめに神は天と地とを創造された」と書かれています。「1 日目に昼と夜を作り、6 日目に人間を作り、7 日目に休まれた、これが天地創造の由来である」と記されています。

　最初、私はこれを読んで、すぐ投げ出してしまいました。しかし、地球という星が生まれてから、長い年月をかけて生物が進化してきたことを考えた時、神様にとっての 1 日というのは、人間の 1 日ではなく、もっと長い期間のことかもしれないと思ってから、もう一度、聖書を読んでみようという気になりました。

　私立学校ではキリスト教や仏教を道徳の授業で教えている学校がありますが、公立学校で宗教のことを教えることは出来ません。しかし、世界の人々と交流したり、歴史を学んだりしようと思えば、宗教の知識は必ず必要です。

　世界の三大宗教と言われるのは、キリスト教（約 24 億人、32％）、イスラム教（約 18 億人、24％）、仏教（約 5 億人、7％）ですが、ヒンドゥー教（約 11 億人、15％）は仏教より多くの信者がおり、ユダヤ教（約 1,500 万人、0.2％）と合わせて五大宗教を知っておいた方がいいでしょう。

　キリスト教には、カトリック（西方教会）（約 12 億 4 千万人、51％）、プロテスタント（約 5 億 5 千万人、23％）、正教会（東方教会）（約 2 億 8 千万人、12％）の 3 派があるとされていますが、プロテスタントには、ル

ター派（ルーテル教会）、聖公会（イングランド国教会）、改革派／長老派、会衆派（組合派）、バプテスト、メソジスト、ペンテコステなどの派があり、主な9派について知っておくといいでしょう。

　仏教については、主に13宗・56派があるとされています。13宗を、時代別に宗祖や本尊を一覧にしてみました。

## 仏教　１３宗・５６派

| 時代 | １３宗派 | 宗祖 | 本尊 |
|---|---|---|---|
| 飛鳥 | 華厳宗 | 杜順 | 毘盧舎那仏 |
| 飛鳥 | 法相宗 | 黄基（通称：窺基） | 唯識曼荼羅 |
| 飛鳥 | 律宗 | 鑑真 | 盧舎那仏 |
| 奈良 | 天台宗（天台法華宗） | 最澄（伝教大師） | |
| 平安 | 真言宗 | 空海（弘法大師） | 大日如来 |
| 平安 | 融通念仏宗 | 良忍 | 十一尊天得如来 |
| 鎌倉 | 浄土宗 | 法然上人 | 阿弥陀如来 |
| 鎌倉 | 臨済宗 | 栄西禅師（千光法師） | － |
| 鎌倉 | 浄土真宗 | 親鸞聖人 | 阿弥陀如来 |
| 鎌倉 | 曹洞宗 | 道元禅師（常陽大師・承陽大師） | 釈迦如来 |
| 鎌倉 | 日蓮宗 | 日蓮聖人（立証大師） | 大曼荼羅 |
| 鎌倉 | 時宗 | 一遍上人（証誠大師） | 阿弥陀如来 |
| 室町 | 黄檗宗 | 黄檗奇運→隠元隆琦 | － |

　日本にはいろんな宗教があります。もちろん無神論者もいます。

　ちなみに、世界では約7割の人が神様を信じていますが、中国では約3分の2、日本では約3割が無神論者だそうです。現在の日本の宗教信者数ベスト10は次の通りです。

　第1位：神社本庁（6,800万人）
　第2位：幸福の科学（1,100万人）
　第3位：創価学会（830万人）
　第4位：浄土真宗本願寺派（690万人）
　第5位：浄土宗（610万人）
　第6位：立正佼成会（430万人）

第 7 位：高野山真言宗（410 万人）

第 8 位：日蓮宗（390 万人）

第 9 位：天理教（160 万人）

第 10 位：霊友会（160 万人）


　もともと、宗教がなぜ生まれたのかというと、雷や火山の爆発、日照りなど、人間の力ではどうしようもない自然現象は神様の怒りであると考えたことからでしょう。

　しかし、15 世紀の終わり頃から、科学や医学が進歩し、コペルニクスやガリレオが天動説を唱えたり、フランクリンが雷の正体を明かしたり、コッホが病原菌を発見したり、ダーウィンが進化論を唱えたりするなどして、宗教はその存在自体が危うくなりました。

　これからも科学や医学は、もっともっと進歩するでしょう。しかし、どんなに進歩しても、科学や医学では答えの見つからないことが３つあると思います。

　それは、「永遠の幸せとは何か」「人生の目的は何か」「死とは何か」です。

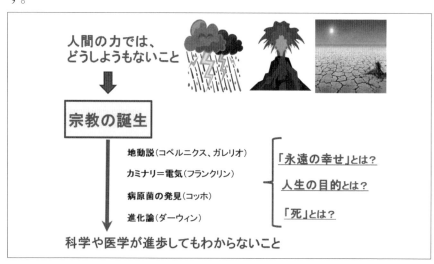

本来、宗教とは人間を救うためのものですが、残念ながら、歴史を振り返ると、過去に起きた戦争のほとんどは宗教に絡むことばかりです。その原因は、正しい自分たちが勝つことを喜び、正しくない他の連中が負けることを喜ぶという「征服欲」だと思います。

　昨年、世界平和統一家庭連合、旧世界基督教統一神霊協会の信者の２世が、日本の元総理大臣を暗殺するという事件が起こりました。また、今から27年前、オウム真理教という宗教団体が東京の地下鉄にサリンという毒薬を撒いて、14人が死亡、約6,000人が重軽傷を負うという無差別テロ事件を起こしたこともありました。

　世界には多くの宗教があります。先ほど述べたように、公立の学校では宗教について学ぶことはほとんどありませんので、宗教が戦争や事件を起こしたという事実も知りながら、宗教については自分で学んでいってほしいと思います。


## 2. どんな数字もリスペクト　　　　　　　令和5年1月30日


　今日は数字の話です。

　皆さんには、好きな数字や嫌いな数字がありますか？

　一度、１から９の数字を言いますので、好きな数字に手を挙げてみてください。

　さて、日本では「４」という数字を嫌う人がいますが、はづき 虹映さんという人が『癒しの数字』という本で、「４」は、東西南北の四方向、火・風・水・土の四元素、人の喜怒哀楽の基本的感情、起承転結など、あらゆるところに使われており、直線のみで囲まれた、閉ざされた領域を示すことから、「完全」「安定」「固定」「きちんと形に現す」などの意味のある数字だとしています。

また、西洋で嫌われる「13」は、「1」の持つ「行動力」「統率力」「推進力」「指導力」と「3」の持つ「子ども」「無邪気」「軽快なリズム感」「躍動感」が合わさって、「強いパワー」「大きな権力」「現実的な支配」、すなわち「キング」を示す数字なのです。

　私がバレーボールの指導者をしていた頃、選手たちに背番号を決めて発表すると、「13番」を大変嫌がって受け取らなかった生徒がいました。バレーボールでは12人までが登録選手となるので、登録を外れたということもあったかもしれませんが、縁起が悪い数だと言うのです。しかし、「トランプカードで13はキングだよ」と言うと、納得してくれました。

　続いて、「18」はどうでしょうか。日本では「十八番」を「おはこ」と読み、得意とする芸を示す言葉で、縁起のいい数字とされています。「1」のスタート、「8」の無限大、「9」の知恵・完結・完全調和から、「最初と最後を迎えるパワー」「力強く、頼もしいまとめ役・リーダー」「すべてを統括・統合する力」という意味合いがあるそうです。

　さて、数字はいつ頃、誰が使うようになったか、知っていますか？

　数字は、紀元前3,000年頃のメソポタミア地方のシュメール人が発明したとされています。数字には、それぞれ意味があるのですね。

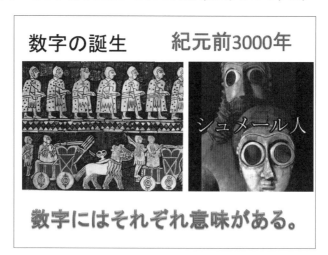

ちなみに、数学の歴史を調べてみると、大変面白いものです。「数学が生まれたわけ」「数字の『0』（ゼロ）は、いつ、どこで生まれたか？」「漢数字の意味と歴史」「幾何学・代数学・解析学とは……」「有名な定理・公式」等々、ぜひ、自分で調べてみてください。そして、数字に好き・嫌いを言わないようにしてほしいと思います。

　食べ物の好き・嫌いを言う子どもは、教科の好き・嫌いが出てきます。さらに、人の好き・嫌いも激しくなります。「嫌いなものは仕方ない」という人がいるかもしれませんが、好き・嫌いを作ることで、人との出会いや自分の可能性を狭くしてしまうことを忘れてはいけません。皆さんのように、人生これからという若い人は、好き・嫌いを言わずに、何事にもチャレンジしてほしいと願います。

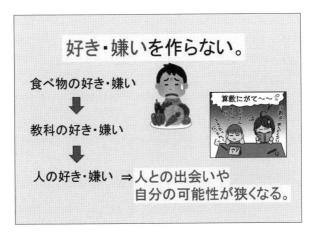

　次に、数字遊びを教えます。

　以前、「四苦八苦」という話をしました。「四苦八苦」とは、「生老病死」の４つと、「求不得苦」「愛別離苦」「怨憎会苦」「五蘊盛苦」でしたね。

　数字で書くと、４×９で36、８×９で72、足すと108になります。年の瀬に除夜の鐘を108鳴らしますが、これが人間の煩悩が108あると言われる所以です。なぜか、野球の硬球の縫い目も108あります。

こんな数字遊びがあります。

シクシクって泣くよね？ ハハハハって笑うよね？
4×9＝36、8×8＝64で、答えを足すと100になる。
人生を100とすると、悲しいことは36、嬉しいことは64。
嬉しいことは悲しいことの倍近くある。
どんなに号泣（5×9＝45）しても半分以下。
人生泣き笑いで100なんだ。

　最後に、四字熟語「七〇八〇」の〇には何を入れますか？
　「七転八倒」や「七難八苦」でも間違いではありませんが、「七転八起」
と答えてほしいところですね。「七転八起」は中国禅宗の開祖、達磨大師
の言葉だそうですが、日本では「七転び八起き」として知られ、相撲の世
界で使われています。つまり、7回負けても8回勝てばいいということで、
相撲では8勝7敗以上で「給金直し」が行われます。
　一昨年、横綱の照ノ富士が『奈落の底から見上げた明日』という本を出
しました。帯には「七転八起」とあります。人生には苦しいことや辛いこ
ともあり、それをゼロにすることは出来ません。しかし、それを少しだけ
上回る楽しさや幸せを得るようにすればいいということでしょうね。

# 3. 泳ぐこと　　　　　　　　　　　　　　令和4年7月11日

　2年ぶりに学校水泳が始まっていますが、皆さんは泳げますか？
　「私は泳げる」という基準は、次の3点です。
　①息つぎが出来る　②100m続けて泳げる　③2種目以上の泳ぎが出来る
（それぞれ50m）

2014年4月16日、韓国フェリーのセウォル号が海難事故を起こしました。修学旅行中の高校2年生の生徒325人を含む476人が乗船していましたが、死者・行方不明者304人を出す大惨事となりました。

　沈没の原因には、基準の3倍以上超過で貨物を積載していたことや、船長が離席し経験の浅い航海士が操縦していたこと、不適切な船体改造をしていたことなど、様々な要因が挙げられましたが、最大の原因は、韓国では学校の授業で水泳を教えておらず、小中学校の99％にはプールがないこと、韓国人の8割はほとんど泳げないことでした。

　つまり、沈むフェリーから海に飛び込むという選択は、ほとんどの韓国人にとって、「死」を意味することであったということです。たとえ泳げなくても、救命ボートの使用法やライフジャケットを着て海上救助を待つ方法だけでも知っていれば、多くの命が助かったかもしれません。

　日本でも、1955年5月11日、瀬戸内海で「紫雲丸」が貨物船と衝突・沈没し、修学旅行中の広島の小学生100名を含む168人が死亡するという事故が起こっています。この事故後、同年7月28日に三重県津市の中学校で、海での水泳訓練中に女子生徒36人が溺死したこともあって、全国の小中学校に水泳プールが設置され、水泳が必修となったのです。

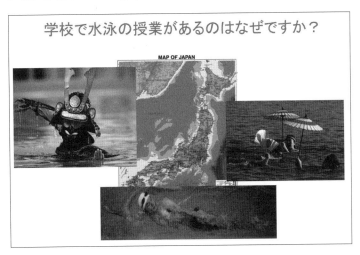

学校で水泳の授業があるのはなぜですか？

もちろん、日本は四方を海で囲まれた国で、川や池も多いので、古くから武術として水泳が取り入れられてきたという歴史もあります。しかし、いくら船が沈みそうだからといって、むやみに飛び込めばいいというわけではありません。

　今年4月22日に起きた知床遊覧船ＫＡＺＵ Ｉ沈没事故は知っていますね。26人の方が死亡・行方不明となっていますが、この時の海水温度は2～4℃だったそうです。水温と人間の耐性を表にしてみました。

| 知床遊覧船沈没事故 | 2022年(令和4年)4月23日 遊覧船「KAZU I(カズ ワン)」 | |
|---|---|---|
| **○水温と人間の耐性** | | |
| 水　温 | 意識不明に至る時間 | 予想生存時間 |
| 0度以下 | 15分以内 | 15－45分 |
| 0－5度 | 15－30分 | 30－90分 |
| 5－10度 | 30－60分 | 1－3時間 |
| 10－15度 | 1－2時間 | 1－6時間 |
| 15－20度 | 2－7時間 | 2－40時間 |
| 20－25度 | 2－12時間 | 3時間－体力の続く限り |
| 25度以上 | 体力の続く限り | 体力の続く限り |

※ (引用元)アメリカ合衆国コーストガード（ＵＳＣＧ）公開数値。

　救命胴衣を着ていても、低体温症で15分も浮いていられなかったのです。

　もう1つ、海難事故を紹介しましょう。これは、2020年11月19日に香川県で起きた与島沖旅客船沈没事故です。

　「漂流物に衝突して小型船が浸水している」と118番通報がなされ、この時は11月であったにもかかわらず、船長が「飛び込んで船から離れるように」と指示し、修学旅行中の坂出市の小学校6年生児童・教員が海へ飛び込んで救助を待ちました。その結果、近くの漁師らが事故現場に駆けつけ、事故の発生から約1時間ほどで62名全員を無事救助しました。

　水泳は、重力が普段の生活の1/6で水の中で体を動かすことが出来るス

ポーツなので、全身運動で消費カロリーが多く、ダイエットにも有効で、肺活量が増えて心肺機能が強化され、筋肉への適度な刺激となり、肩こりなどのストレス解消にも有効です。

　人の手には、水かきのあとが残っていますが、人は誰でも泳げるようになります。水泳は生涯スポーツであり、泳げるようになると、自分の人生を豊かにすることが出来るのです。水泳を覚えるということは、「教養」を身につけるということなのです。水泳に対する取り組みは、都道府県で差が大きくなっています。主なランキングを挙げてみましょう。

　○大人の泳げる割合　　　　1位：東京都〜47位：沖縄県
　○小中学生の泳げる割合　　1位：東京都〜47位：岩手県
　○学校のプール設置率　　　1位：東京都〜47位：福井県
　○トビウオ県（バタフライの泳げる割合）1位：新潟県〜47位：北海道

ちなみに「水泳王国」と言われる兵庫県は、いずれも8位です。
　さて、近代4泳法の中で、最も簡単な泳ぎ方は、実はバタフライなのです。バタフライを覚えると、水の中をグライドをかけて速く進むことが出来るようになるので、他の泳法で泳いでも速くなります。

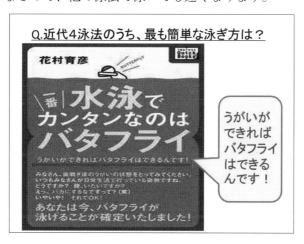

特に、グライドバタフライをマスターすると、こんなふうになります。

・水の抵抗が減り、推進力が高まる
・「バタフライ」をすぐに身につけることが出来る
・他の泳ぎ方のスピードも上がる
・バサロ泳法などに応用出来る
・呼吸法が自然に身につき楽に泳げるようになる
・何よりも泳ぐことが楽しくなる

人間は
誰でも
泳げる！

泳げるようになると、
人生を豊かにできる。
生涯スポーツ

「教養」として水泳を身につけよう！

　今年の夏休みに、私が講師になって水泳講習会を実施しますので、ぜひ、希望する人は、参加してみてください。
　3日間でバタフライを泳げるようになります。

## 4. くちびるに歌を ～ラジオ体操の歌～　　令和3年9月6日

　今日は、「くちびるに歌を」というお話です。
　皆さんは、この夏、ラジオ体操をする機会はあったでしょうか？

私の住んでいるところでは、夏休み、近くの公園に小学生たちが集まってラジオ体操をしています。今年はコロナの影響で1週間だけでしたが、朝からラジオ体操を行いました。私は、皆さんの前で見本を見せながら参加しています。

　神出中学校の裏にある雌岡山にも「早朝登山会」というのがあって、毎朝、6時30分から、神出神社の前でラジオ体操をされている方々がたくさんおられます。

　現在、ラジオ体操には、「ラジオ体操第1」「ラジオ体操第2」「みんなの体操」と3種類あります。日本のラジオ体操は、1925年に考案されたものですから、もう約100年の歴史を持つ、実はすごい体操なのです。

　ラジオ体操をきちんと行えば、速いペースのウォーキングに相当し、毎日ラジオ体操を行えば、年間約14,000kcalを消費し、約2kgの減量が出来るそうです。

　2000年にオーストラリアのシドニーでオリンピックがありました。その時、オリンピックの女性チームドクターを務められた中村 格子先生という女医さんが、その後、2012年に、ご自分で見本を見せながら、『実はスゴイ！大人のラジオ体操』というDVD付の書籍を出されています。

さて、皆さんは、朝のラジオ体操の番組で流れる『ラジオ体操の歌』を知っていますか？

これも歴史があるのですが、現在の歌は 1956 年に発表された、藤浦 洸ᵉᵒᵘさん作詞、藤山 一郎さん作曲で、茨木市の中学校の生徒たちによる合唱で行われています。

この機会に一度、『ラジオ体操の歌』を聞いてみてください。

　新しい朝が来た　希望の朝だ　喜びに胸を開け　大空あおげ
　　……（略）……
　この香る風に　開けよ　それ　一　二　三
　新しい朝のもと　輝く緑　さわやかに手足伸ばせ　土踏みしめよ
　　……（略）……
　この広い土に伸ばせよ　それ　一　二　三

どうですか、一日の始まりに、本当にさわやかで、元気の出る歌だと私は思います。

ジョーゼフ・ジョルダーニアという人が、『人間はなぜ歌うのか？－人

類の進化における「うた」の起源－』という本を出しています。それによると、地上で歌を歌う唯一の種は人間だけで、文字を持たない民族はいても、歌を持たない民族はいないのだそうです。

　どうか、この２学期も、くちびるに歌を忘れず、毎日を新しい気持ちでスタートさせましょう。


## 5. きまり、ルール、マナー、モラル　　　令和4年1月24日

　「きまり」について、「ルール」「マナー」「モラル」という似た言葉がありますが、違いがわかりますか？

　「登校したら挨拶をしよう」はマナー

　「食事の時に口をあけずに噛んで食べよう」はモラル

　「8時20分までに登校しよう」はルール

　学校の「きまり」は学校生活を送る上での約束事ですから、ルールでしょう。

　ところで、スポーツにもルールがありますが、なぜ、ルールはあるのでしょうか？　もし、ルールを守らなかったらどうなるでしょう？

　サッカーでボールを手で運んだらラグビーになってしまったということもあります。

　スポーツのルールは、ゲームをする側と見る側の「快」の追求にあると考えられます。すなわち、ゲームをする者にも、ゲームを見る者にも、無用なトラブルをなくし、ゲームをよりよく楽しむために設定されたものです。

　より楽しめるために、時代とともに、スポーツのルールは改変されてきました。これまでにルールがいろいろと変わってきたスポーツの一番はバレーボールでしょう。

1895 年、モルガンがバレーボールを考案したのは、その４年前にネイ・スミスが考案したバスケットボールの反省からでした。当時、YMCA の体育館で冬のスポーツとして行われていたバスケットボールでは、高齢者や体力のない者は、体育館の壁にくっついて尻込みし、動かなかったのだそうです。そこで、老若男女が一緒に楽しめるスポーツとしてモルガンが考案したのがバレーボールでした。当時は「ミントネット」と呼ばれており、モルガンが最初に考えたルールは、こういう内容でした。

・競技人数や触球回数に制限なし
・３アウトで攻守（サーブ権）が交替
・９イニング制
・サーブは味方に打ち、相手コートに入れる

　現在、バレーボールには、オリンピックで採用されている６人制や２人制のビーチバレーだけでなく、ママさんバレーや実業団などでされている９人制や４人制のトリムバレーなどもあります。また、パラリンピックで有名になったシッティングバレーボールなんかもありますね。
　スポーツのルールは、発祥した国や地域社会の影響を受けています。
　たとえば、アメリカで発祥した野球、バスケットボール、バレーボールなどのスポーツには、次のような特徴があります。

・ルールが非常に多いこと
・反則をした時の罰則規定が多いこと
・メンバーチェンジが頻繁に行われること

　勝ち負けにこだわってゲームがルールすれすれのところでなされるために、反則が多く、細かいルールを設けざるを得なかったのです。また、アメリカ合理主義に基づいて、常にベストメンバーでゲームをしようとしま

す。けがをした選手やミスをした選手を切って、頻繁にメンバーチェンジ
を行うのです。野球でも、ピンチヒッターやストッパーと言えば、代わる
方の立場で聞こえはいいですが、打てない選手はいらない、バテた選手も
いらないということです。切られた選手は一体どんな思いをして引き下
がっているのでしょうね？

　一方、イギリスで発祥したサッカーやラグビーなどのスポーツは、ルー
ルが少なく、メンバーチェンジはあまり行われません。これには、イギリ
ス紳士たちのプライド精神が影響しています。すなわち、スポーツをする
限りはフェアプレイに徹するのは当然という考えがあるのです。

| | アメリカ型 （農耕民族） | ヨーロッパ型 （狩猟民族） |
|---|---|---|
| スポーツ例 | 野球 バスケットボール バレーボール | サッカー ラグビー |
| ルール | 多い | 少ない |
| 罰則規定 （ペナルティ） | 多い | 少ない |
| 選手交代 | 多い | 少ない |
| 試合終了 | ゲームセット | ノーサイド |
| 相手プレーヤー | 敵 | 仲間 |

　サッカーには「オフサイド」というルールがありますが、このルールは、
サッカーが球技として生まれた頃、ルールが13条しかなかった時代から
採用されています。

　オフサイドとは、相手キーパーを除くディフェンスの選手よりもゴール
に近い位置にいて、ボールを受け取ることをいいます。つまり、相手キー
パーと1対1の状況にあっては、シュートする側が有利になることから、
最初からボールを追わずにゴール前にいるような行為を“Unfair”（姑息）

なプレーとして、反則としたのです。

　また、サッカーが世界に広まり、世界フットボール協会が統一ルールを作った時、ゴール前でシュートをしようとしている選手に意図的な妨害をした場合はペナルティキック（PK）を与えるというルールが採用されました。

　しかし、イギリスの名門、オックスフォード大学とケンブリッジ大学の定期戦では、長い間、このPKを採用しなかったといいます。理由は「私たちは紳士であり、ゴール前でシュートをしようとしている選手に意図的な妨害などしない。したがってPKなどは必要ないルールだ」というものでした。

　このように、アメリカ発祥のスポーツでは細かいきまりが多く、罰則規定もたくさんあるのに対し、イギリス発祥のスポーツでは「不文法」が多く、細かいきまりを明文化しなくても、守るのが当たり前とされることは、それぞれの学校のきまりや社会の在り方にも影響を与えています。

　学校のきまりもスポーツのルールと同じで、学校生活をみんなが楽しく、快適に過ごせるために、考え出されてきたものです。そして、このきまりは、話し合いによって改変出来ます。

　スポーツのルールと同様に、学校のきまりにも、それぞれ、それが設定されてきた歴史があります。その意思を尊重し、しっかり守りながら、その一方で、より楽しく快適に生活出来るように改変していく姿勢を持つことが大切だと思います。


# 6. 背中で語る　　　　　　　　　　　令和5年3月20日


　先週の火曜日、無事に卒業式を行いました。

　1、2年生の皆さんも、式典に立派な態度で参加してくれましたね。感

動的ないい卒業式だったと思います。

「背中で語る！」

また、先週の金曜には、公立高校一般入試の発表がありましたが、３年生は、素晴らしい結果を残しました。これは、３年間、落ち着いた授業をしてきた成果だと思います。本当にこの３年生を見習うことがたくさんあったのではないでしょうか。

この先輩たちを誇りに思ってください。コロナ禍にあって、学校行事や部活動で様々な制限を受けながらも、本当に落ち着いた学校生活を送っていました。先輩たちから直接に話をしてもらうことは少なかったかもしれませんが、優しく、穏やかな先輩として、まさに「背中で語ってくれた」先輩たちだったのではないでしょうか。

この「背中で語る」という表現は、日本語独特の表現でしょう。一般に、日本語は世界でも難しい言葉だと言われていますが、日本語でしか理解出来ない表現がたくさんあります。

カナダのモントリオール大学で長年、日本語科科長を務めてこられた金谷 武洋先生が『日本語に主語はいらない』という本を出されています。

たとえば、広島の平和記念公園の中にある慰霊碑には、「安らかに眠って下さい。過ちは繰返しませぬから」と刻まれていますが、ここにも主語はなく、「過ちは繰返さない」と言っているのは誰かと書かれていません。日本語では、「誰の過ちか」を明らかにしないのです。犯人探しをするのではなく、誰を攻撃する

のでもなく、「過ちは繰返さない」と静かに共感して誓うのが日本語文化の発想なのです。

　その金谷先生は、これまで300名近い学生を日本に留学させてきたそうですが、学生たちは、日本語を学ぶと、性格が穏やかになり、人との接し方が柔らかくなって帰ってくるのだそうです。

　日本語には、「**タタミゼ効果**」といって、「人を優しくする力」があるという方もいます。「タタミゼ（tatamiser）」とは、「畳」を動詞化したフランスの造語で、「日本人っぽくなる、日本びいきになる」という意味でも使われています。

　このように、日本は「和」を大切にしてきた国ですが、日本語に接していると、自然に優しく穏やかになるというのと同じように、卒業した3年生の先輩たちの後ろ姿を見ているだけで、自然に優しく穏やかになれたと思うのです。きっと、皆さんも、将来、「神出中学校の生徒でよかった」と思えるのではないでしょうか。

　1、2年生の皆さんも、これから入ってくる後輩に対して、ぜひ、「背中で語れる」ような先輩になってください。

# 第 **5** 章
# 人間関係能力を高める

「朱に交われば赤くなる」という。

出会う人間、交流する人間によって、人生そのものも変わってくるだろう。

オーストリアの心理学者アドラーは「すべての悩みは対人関係の悩みである」と述べている。

学校の級友や同級生のみならず、先輩・後輩、先生、保護者、地域の方、あるいは初めて会う人と、どのように人間関係を構築していくかについて語っておきたい。

# 1. 友を持とうとするな、友と共にあれ　　令和4年10月3日

　皆さん、おはようございます。

　毎月1日は、神出中学校の裏山の雌岡山の頂上にある神出神社が鏡開き
をするので、私は、早朝登山会の方と一緒に朝のラジオ体操に参加させて
いただいています。

　先月、以前勤めていた学校で作ったTシャツを着て行ったら、「先生は
いつまでも前の学校のものを大切にしているのですね」と皮肉交じりに言
われたので、一昨日は、本校のボランティア神出っ子隊「Be Kande」の
ポロシャツを着て行ったら、大反響でした。

　さて、「BE KOBE」という言葉は、阪神・淡路大震災から20年をきっ
かけに生まれた「神戸の魅力は人である」という思いを集約したシビック
プライド・メッセージです。これとよく似た「Be Kande」にはどんな思
いが込められているか知っていますか?

　その前に、皆さんに1つ質問をしましょう。

　皆さんは、友達は何人いますか?

　小学生になる時、「1年生になったら……友だち百人できるかな?」と
いうような歌を歌ったことがあるでしょう。

　ドイツの精神分析学者、エーリッヒ・フロムは「人間の遺伝子には、
『持つ能力 (to have)』と『ある能力 (to be)』という2つの能力が組み
込まれている」というようなことを述べています。

　「持つ」ということは、所有することであり、ある意味では支配するこ
とです。「友達を持つ」という表現がありますが、これは、友達を自分の
都合のよい存在と考える姿勢であり、大変危険なことだと思います。そう
ではなくて、神出中学校では「共にある」関係でいてほしいという願いを
込めているのです。

　一般に、私たちは「持つ能力」ばかり重視し、「ある能力」を軽視して

100

います。お金を持つ、家を持つ、高い学歴を持つ……。「モノ」をたくさん持つことが幸せだという考えによって、間違った個人主義が蔓延し、人と人とのつながりが希薄になってきたのではないでしょうか。

友情とは、自分本位のものであっては長続きしません。共に喜び合い、助け合い、ただ「共にある」ことで幸せと感じるものです。

学校という場は、一人で勉強するためにあるのではありません。集団で学ぶところに意義があるのです。原始時代、鋭い牙も爪も持たない人類が巨大なマンモスや猛獣を倒して生き残ったのは、集団の力を使う能力に優れていたからです。学校の中では、個人のわがまま、勝手、気ままな態度は抑えなければなりません。

以前、「愛」の反対は「無関心」だという話をしました。たとえば、皆さんが家に帰って、家族に今日あったことや聞いてほしいと思っていることを一生懸命話しているのに、お父さんもお母さんもおじいちゃんもおばあちゃんも、誰もまともに話を聞いてくれなかったら、どうでしょうか。こんなに悲しい思いをすることはないでしょう。誰かが話をしている時にまともに聞こうとしないのは、相手を無視しているのと全く同じ行為です。こういう「無関心」な状態では、集団が崩壊します。

マザー・テレサもこの世の最大の不幸は、無視されることだと述べています。最大の不幸を感じた時、私たちは倒れるのです。一人暮らしの老人も同じことでしょう。

人に対して無関心な状態になった時、その関係は崩壊します。夫婦関係も親子関係も、先生と生徒との関係も、友達関係も、無関心である時、その関係を継続することは難しいで

「朱に交われば赤くなる。」
「類は友を呼ぶ。」

しょう。家族崩壊や学級崩壊は、すべて、この「無関心」から起こると思います。

　誰かが話をしている時に自分勝手に私語をするのは、「Be kande」にはそぐわない行為です。

　今度の文化祭、特に合唱コンクールでは、どうか「Be kande」に込められた思いを大切にし、個人のわがまま、勝手、気ままを抑え、心を1つに合わせて臨むようにしましょう。


## 2. 彼岸花を見て　　　　　　　　　　　　　令和3年9月12日


　まもなく、神出町では赤い花が目立つようになります。秋のお彼岸の時期に咲く「彼岸花」ですね。

　今年は秋分の日が9月23日で、その前後3日間がお彼岸です。9月20日が「彼岸入り」、9月27日が「彼岸明け」となります。彼岸というのは、この世を「此岸」というのに対する言葉で、ご先祖のことを思い、ご家庭によってはお墓参りをしたり、先祖供養をしたりする時期ですね。私たちは、たくさんのご先祖の遺伝子を引き継いでいることを再確認してください。

　さて、「彼岸花」は別名「曼珠沙華」とも言われますが、その他には、あまりいい名前はつけられていません。「火事花」「捨て子花」「死人花」「幽霊花」と言われ、家の中に持って入ってはいけないと言われていますし、「手腐れ花」と言われ、触れてもならないとされています。また、リコリンという毒を持っており、茎の部分を舐めると舌が麻痺

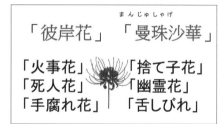

「彼岸花」　　「曼珠沙華」
（まんじゅしゃげ）
「火事花」　　「捨て子花」
「死人花」　　「幽霊花」
「手腐れ花」　　「舌しびれ」

することから、「舌しびれ」という名もつけられています。

　私も小さい頃から、彼岸花には触れるなと言われて育ってきました。まして、家に持って帰ろうものなら、親からひどく叱られたものです。彼岸花は、こんなふうに嫌われてきた花です。確かに子どもが触れるとよくない花でしょうが、本当によくない花なのでしょうか。

　彼岸花の根は良質のでん粉を多量に含んでおり、リコリンという毒から多種の薬を作ることが出来ます。また、こんにゃく芋の根と同じように、もぐらなどの動物に食べられたりすることもないので、無農薬で育つ花だそうです。以前、話題になった、食中毒を起こす腸管出血性大腸菌O（オー）157なんかには、彼岸花に触れている人は強い抵抗力を持つという報告もあります。そう考えると、彼岸花は先入観や無知が偏見を生んできた花ではないかという気がします。要するに、先入観や無知のために、人々から忌み嫌われ、「いじめ」られてきた花ではないでしょうか。

　私たちの人間関係で、こんなことはないでしょうか。本当は素晴らしい人物なのに、先入観や無知のために、嫌ったりしていることはありませんか？

　私は、彼岸花を見る度に「無知が偏見を呼ぶ」（Ignorance makes prejudice.）ということを再認識するようにしています。

　また、私は大学院で研究に息詰まっていたある日、ふと、数学の授業を聴講しに行きました。そこでは円柱の図形をやっていました。円柱は側面から見ると長方形に見えますが、真上から見ると円に見えます。「なるほど」と思いました。物事はある面だけで眺めてはいけません。見方を変えれば違うように見えるものです。

　人も同じでしょう。ある面

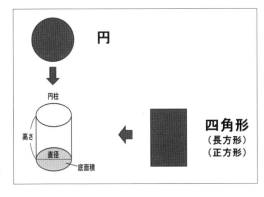

からしか見るのではなく、いろいろな角度から見れば、100％いい人間はいないのと同じで、100％悪い人間もいないことに気づきます。

　神戸市いじめ防止の三原則「するを許さず」「されるを責めず」「第三者なし」を確認し、神出中学校はいじめのない学校にしましょう。

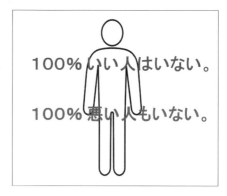

## 3. 微笑みは最高の化粧 　　　　　令和3年11月1日

　先日、生まれたての赤ちゃんを抱っこさせてもらいました。

　私の抱き方が上手だったのか、にっこりと赤ちゃんが笑います。お母さんが「この子ったら、初めて笑ったわ」なんて言っていましたが、まだ生後2週間ですから、本当に笑ったのではなくて、ひきつけか何かで、単に顔の表情が変わっただけのことなのでしょうが、それでも、赤ちゃんの笑い顔というのは、周りの大人たちを、思わず優しい気持ちにさせる不思議な力を持っているものですね。

　「笑う門には福来たる」「笑いは百薬の長」「一笑一若」などと言われますが、大人にとっても、笑いがもたらす効能は誰でも経験的に感じているでしょう。

　笑いは、人間や猿、チンパンジーなどの霊長類だけに見られる高度な意思表示であると言われています。霊長類は、他の哺乳類に比べて顔の表情筋が発達しており、表情の変化を見せて意思の伝達をしてきたのです。笑いのルーツは、猿が害のあるものを食べた時に、口から吐き出すために口角を引いて、歯をむき出すという一種の防御反応だという説もあります。

人間の笑いを分類すると、本能の笑いと社交上の笑いに分類されるそうです。本能の笑いは、さらに、脳の視床下部にかかわる快楽の笑いと、大脳辺縁系にかかわる驚きや発見の笑いに分類されます。これら本能の笑いの方は、涙の分泌や呼吸の変化、血管の収縮や拡張などを引き起こします。

　これは、副交感神経が優位に働くため
で、体をリラックスさせ、緊張を緩和する
ことが出来ます。涙が出るほど笑うと、体
の力が抜けたようになったり、口元が緩ん
でよだれが出たり、中には、オシッコがも
れる

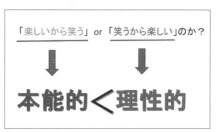

感覚をおぼえる人もあるでしょう。このようにして、本能の笑いは、ストレスを発散させるのにも効果があります。

　一方、社交上の笑いの方は、現代人が最もよく用いる笑いで、まさに「相手の顔色を窺う」「愛想笑いを浮かべる」というような笑いを駆使することで、コミュニケーションを円滑に進め、友好関係を結ぼうとするものですが、心の底からの笑いではないので、時にストレスを溜める原因にもなりかねないということです。

　100mのスプリンターで、本当に強い選手は、走っている時に笑っているような顔をしています。どうか、3年生はいい笑顔、微笑みのある顔で、この受験期を乗り切ってほしいと思います。

　ガン患者とヨーロッパ・アルプス
登山に挑戦し、「生きがい療法」を
勧めている伊丹 仁朗先生が、患者
に吉本興業の漫才を見せて、3時間
後にガンなどの腫瘍細胞を殺す働き
を持つナチュラル・キラー細胞の活
性度を調べた結果があります。笑っ
た後の検査では、すべて正常値に向

かっていたそうです。身体には自然調整機能がありますが、笑うことで誰でも同じようにその作用が働くことが証明されました。

　この大宇宙はすべて「気」の集まりから成り立っており、そのバランスが崩れた時に病気になるという説もありますが、笑うことでそれがよくなっていくのです。

　反対に「一怒一老」と言われるように、人間、怒ると脳内にノルアドレナリンなどのホルモンが分泌され、体を老化させるそうです。

　ストレス学説の権威ハンス・セリエは、無理してでも笑うことを勧めています。笑いは体のジョギングだと言う人もいます。よく笑う人は、ジョギングしたのと同じくらい肉体を使うのだそうです。女性が男性よりも長生きなのは、「女は男よりもよく笑うから」との意見もあります。

　意識的に笑顔を作り、笑い合える学校にしましょう。ただ、一般的に笑いは「ハ」「ヒ」「フ」「ヘ」「ホ」の５種類があると言われています。どんな笑いがいいかは、考えてみてください。

## 4. 負けるが勝ち（協調性のじゃんけん）　　令和４年２月７日

　今日もじゃんけんをしましょう。

　ただし、今日のじゃんけんは「グー」と「パー」しか出せません。そして、「パー」を出して勝てば３ポイントもらえます。もちろん、「グー」を出して負ければ０ポイントです。

　しかし、お互いに「グー」を出してあいこなら、互いに２ポイントがもらえます。また、お互いに「パー」を出してあいこなら、互いに１ポイントがもらえるというルールです。では、５回連続で、私とやってみましょう。

　（私は「グー」「グー」「パー」「グー」「グー」）と、１回だけ「パー」を

出します)

　さて、何点取りましたか？

　5回の合計点（8〜13点）は、いくらでしたか？

　実は、これは心理学の「囚人のジレンマ」という実験を応用した実験で、本来ならば、2人組で12回のじゃんけんをし、最初の10回を記録して、そこからお互いの心理をはかろうというものです。また、この実験は「協調性」をはかるもので、実験室でちゃんとした実験者によってやるものですから、安易に皆さんがやってはいけません。お互いに心のしこりを残すこともある危険な実験です。だから「囚人のジレンマ」というのです。

　さて、今は5回だけじゃんけんをしましたが、もし私がすべて「グー」を出し、皆さんがすべて「パー」だったら、皆さんは3点×5回＝15点ですが、私は0点となります。しかし、私も負けじとすべて「パー」だったら、皆さんも私も、1点×5回＝5点ずつ、トータルで10点ですね。

　ところが、もし、皆さんも私も5回とも「グー」だったならば、お互いに2点×5回＝10点ずつ、トータル20点が入ります。「グー」を出すには勇気がいりますよね。相手も「グー」を出してくれると信頼しないと出せませんから……。

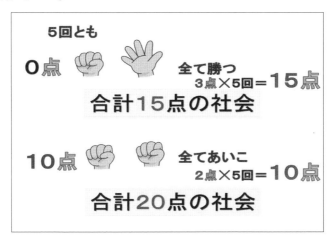

よりよい社会を作っていくには、「パー」を出し続けるべきでしょうか、それとも相手を信じて「グー」を出すべきでしょうか。

　人生には「負けるが勝ち」（To lose is to win.）ということわざがあります。勝ち続けるのは素晴らしいことかもしれませんが、自分だけが勝つというのは、社会全体にとってどうなのかを考えてほしいと思います。

V字型編隊

1羽で飛ぶより**7割**も遠くまで飛べる！

# 第 **6** 章
# 勉強について

　魚を1匹やれば1日食いつなげるが、魚の取り方を教えてやれば一生食いはぐれることはない。

　Give a man a fish and you feed him for a day; show him how to catch fish and you feed him for a lifetime.

　これは、ボランティア精神の基本ルールである。

　同様のことを、中国道教の開祖、老子も述べている。

　「学校の成績を上げたい」という気持ちは、生徒や保護者の切なる思いであろう。勉強について、学習の方法やコツを語ってあげたい。

# 1. 勉強法 「呉下の阿蒙に非ず」　　　　　　令和 4 年 6 月 13 日

皆さん、おはようございます。

今日は「勉強」の話です。

「しいてつとめる」と書く「勉強」という言葉は、明治に入って広まった言葉で、本来の意味は、①無理すること ②困難なことを無理してもすることです。もう 1 つ、③品物を安く売ることという意味もありますが、①や②の意味なら嫌がられるのは当たり前ですね。

辞書で調べると、「学び」は、①真を習うこと ②慎み深いこと modesty という意味があり、「学習」は「真似して慣れること」ということで、動物にも使える言葉だそうです。

さて、学業成績は、決して I Q（知能指数）などで測られる頭の良し悪しによるものではありません。私は「学業成績＝学習意欲×質×量」の掛け算で決まると思います。「質」は学習能率（勉強法）であり、「量」は学習時間です。一番大事な要素は「量」です。また、勉強は「授業」が勝負だと思います。

しかし、一日は 24 時間と限られていますので、質を高めること、つまり、学習の仕方が大切です。学習法には千差万別ありますが、自分に合った勉強法を見つけ出すことは、今後の人生においても大きな影響を及ぼすでしょう。

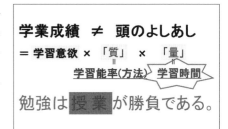

今年も、本校では「家庭学習のてびき」を配布していますが、そこに学習の仕方・五大原則を挙げています。


①学んで理解したと思うことは、機会があるごとに繰り返し理解せよ

②復習には力を入れ、どんな場合にもかかすな

③決して、一度にまとめてやろうとするな

④丸暗記に頼らず、なぜそうなのか、その内容、理由をよく考えながら
　覚えよ

⑤粗雑でも速く・正確をモットーに


　１番目の「繰り返し」ということですが、記憶が定着するには、36回
の復習が必要だと言われています。自分なりの学習方法を見つけるために
も、量をこなさないと駄目です。スポーツにしろ、勉強にしろ、訓練に属
するものにおいては、量をこなすことが重要です。野球で「千本ノック」
という言葉がありますが、自転車に乗るなど、「わざ」を身につけるには
1,000回のトライが必要だそうです。

　私の家では、冷蔵庫に「refrigerator」という文字を貼っていましたが、
子どもたちが一番最初に書いた英語でした。なぜなら、毎日のように見て
いたからでしょう。こんなふうに、目につくところに、覚えたいことを貼
るのは大変効果的です。

　「わかる」というのは、じわじわとわかるようになるのではありません。
ある瞬間に、電光石火の如く、わかるのです。鉄棒のさか上がりが出来る
ようになった日のことを覚えているでしょうか。また、自転車が乗れるよ
うになった日のことを覚えているでしょうか。何日も練習していて、ある
日、突然、出来るようになったでしょう。「わかる」というのは、コップ
に注いでいると、ある時、水がこぼれ出すようなものです。

　和田 秀樹という人が『受験は要領』という本を出しています。この中
に、たとえば「数学は解かずに解答を暗記せよ！」と書かれています。

　掛け算の九九を覚えていると便利ですが、さらに 11 × 11 とか 25 × 25
を覚えていると、早く解答が解けますね。さらに、「受験勉強を一生懸命
やっていい学歴を手に入れるほど、ラクな処世術はない。ある雑誌の調
査によると、都市銀行員の生涯賃金は、４億5000万円にも達するそうだ

が、これが一流メーカーでは3億円弱、二流企業では2億円あまりにしかならないという。そのうえ、一流大学を卒業していれば、出世も早いだろうから、その収入の差はさらに大きくなるだろう。

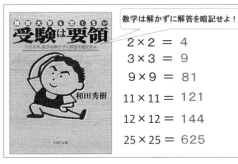

受験勉強を要領よくやるかやらないかでは、生涯賃金では2億円以上もの差がついてしまう。では、あと2億円を手に入れるためには、どれだけの時間が必要なのかというと、これが僅か1500時間でいいのである。1500時間と言えば大変なようだが、高3から受験勉強を始めれば、1日4時間、高2からなら1日2時間でクリアできる」と述べています。

2億円を1500時間で割ると、約13万円。少し打算的な考え方だと思いますが、受験勉強は1時間13万円のアルバイトと考えられるわけです。

3年生には、「受験期の心構え」を紹介しておきましょう。


①挑戦する気持ち……どんな時もあきらめない。「無理」と自分で勝手に決めない。
②自分自身に勝つ……敵は自分自身である。自分に甘えない。
③自立心・独立心……「孤独」に耐える心を養う。一人で行動し、一人で勉強に取り組む。
④健康で過ごす。
⑤最後は体力勝負。


次は、実際にあった話です。

ある学校で、番長と言われている喧嘩の強い生徒が弱い生徒をいじめていました。それを見つけたのは新任の若い体育の先生。大学時代、ボート部で鍛えた胸囲1ｍの体を生かし、正義感を持って番長を力ずくで押さえ

つけました。暴れん坊の生徒は、今まで先生に力で押さえつけられたこと
がなかったので、びっくり。しかし、その後、その体育の先生の言うこと
には、一切逆らわなくなったそうです。

　ところが、ある夜、その体育の先生、ちょっとお酒を飲んで店を出たと
ころで、肩が当たったということで、通りすがりの中年のおじさんと喧嘩
になってしまいました。話をつけてやろうということで、店主や周りの者
が止めるのも聞かず、裏道で決闘が始まったのです。しかし、その決闘は、
ものの２、３秒で決着がついてしまいました。それもそのはず。その中年
のおじさんというのは、空手道５段の猛者だったのです。かわいそうに、
若い体育の先生は、口から泡を出してひっくり返っていたそうです。

　それから数日後、その空手の猛者は北海道にキャンプに出かけました。
大自然の中で一人きりでいたところ、運悪く、子どもを連れたヒグマと出
会ってしまったのです。ヒグマは子どもを守るため、必死になって攻撃し
てきました。しばらくは一進一退の攻防が続いていましたが、いくら空手
の猛者といえども、ヒグマには勝てません。瀕死の重傷を負い、もう駄目
だと目をつぶった瞬間、ヒグマは頭から血を出して目の前に倒れていまし
た。見ると、その後ろから鉄砲を持った猟師さんがいたのでした。その猟
師さんというは、偶然にも番長にいじめられていたという生徒のおじいさ
んだったのだそうです。

　そのおじいさんの最近の口癖は、「孫には何をやっても勝てない」でし
た。

　では、この話の中で一番強いのは一体誰なのでしょう、というのが問題
です。

　ヒグマに出会う前なら、やはり空手５段の猛者でしょう。中年のおじさ
んといえども、「空手」という武器を持っているから強かったのです。し
かし、ヒグマには「爪」があり、猟師には「鉄砲」がありました。やはり、
優れた武器を持っている者が強かったということです。猟師のおじいさん
の孫が最初に出てきたいじめられっ子で、そのおじいさんが孫には勝てな

いというのが滑稽ですが、やはり、自分なりの武器を持っている者が強いということが言えるでしょう。

　勉強するにしても、自分の武器となる、得意な教科を1つでも2つでも持っておくことが大切です。「数学なら負けない」とか「英語で稼げる」という武器を持っていれば、入試も安心でしょう。

　得意教科を持つか、それとも不得意教科を克服するか、考えて実行してみてください。

　さて、山登りをする時の心構えには、Must（義務感）、Can（得意）、Will（やりたい）があると言われています。これは、勉強する時も同じです。最初は Must であっても、Can になり、Will にレベルアップしていけるようにしましょう。

　次に、仕事にしろ、勉強にしろ、楽しくする秘訣を教えます。

　それは、「段取り」をすることです。先取り精神で段取りをうまくやれば、仕事は進むので、面白くなり、プラスの循環が起きます。

　焚き火をするにしても、火がつくまでは焚き付けを入れたり、小枝を組み合わせたり、いろいろと段取りをしてやらないと燃え上がりませんが、いったん火がつけば、後は勝手に燃えていきますね。

　何事も、弾みをつけてやると、うまくいくことが多いものです。それが段取りというものです。勉強は計画が8割だと言う人もいます。テスト前には、ムダ・ムリ・ムラのない計画を立てて臨みましょう。

　最後にいくつかの言葉を紹介して終わります。

・相田みつを「一生勉強、一生青春」

・佐藤一斎「若くして学べば、すなわち壮にして成すところにあり。壮にして学べば、すなわち老いて衰えず。老いて学べば、すなわち死して朽ちず。」

・「呉下の阿蒙に非ず」

ごか　あもう　あら
**呉下の阿蒙に非ず。**
　　　↓
あほ　ろもう
阿保の呂蒙

人は**勉強次第**で変身できる！

114

# 2. 夏休みの課題

　今週から夏休みです。私の教え子も含んで、夏休みの体験から人生を変えた例を3つ挙げたいと思います。

　7月24日は芥川 龍之介が亡くなった日で、「河童忌」と呼ばれています。芥川は、河童伝説の多い長崎に何度か滞在し、乳房のある河童「水虎晩帰之図」を銀屏風に描いています。河童伝説が長崎県に多いのは、フランシスコ・ザビエルが来日した時、頭に皿のようなハットを被り、背中に甲羅がついたような服を着ていたからだという説もあります。「カッパッパー、ルンパッパー」というような宣伝で一世を風靡した黄桜酒造の河童を描いた漫画家の清水 崑も長崎県出身でした。

　皆さんのイメージする河童はどんなものでしょうか？ 河童は緑色で、水の中に住み、頭にはお皿、背中には甲羅があり、キューリが好物なんてことを想像する人がいるかもしれませんね。兵庫県の福崎町には妖怪の模型がたくさん設置されていて、辻川山公園のラッパ池の河童はこんな姿です。

頭にお皿

キューリ好き

背中に
甲羅

色は緑？

福崎町　辻川山公園

さて、動物学者のモリスという人が『裸のサル』という本で、「水性動物説」というのを提唱しています。それによると、人間はサルから猿人→原人と進化していったとされていますが、原人から現代人に進化する時期が非常に長く、人類の化石が発見されていない「ミッシング・リング」と言われる時期があるそうで、この時期に、人類の祖先は、陸から水際に住むようになったのではないかというのです。

　人には水かきのあとが手足に残っており、今でも泳ぐことが出来ますが、サルから陸上で進化したとされるチンパンジーなんかは泳げないのだそうです。ミッシング・リングの時期に水に戻った人類の祖先のうち、再び陸に上がってきたものが人類になったとすれば、中には、そのまま水の中に残ったものもいるでしょう。それが河童じゃないかというわけです。

　こんな話を教え子にしたところ、教え子のK君は、その年の夏休み、河童について興味を持ち、わざわざ長崎にも行って、自由研究に河童のことをまとめていました。現在、彼は大学で文化人類学を教えています。


　次の２例目は、教え子M子さんの中学２年生の時に書いた作文「夏休みで得た体験」から紹介しましょう。

　　私は、この夏休み、とても貴重な体験をしました。８月４日〜６日にかけて、ワークキャンプに参加したのです。この３日間、いろいろなことを学ぶことが出来ました。

（中略）残念だったこともありました。それは、お話をしたお年寄りのほとんどが「いつでも死にたい。いつ死んでもいい」などと言っていたことでした。逆に嬉しかったことというのは、お年寄りの方や職員の方達に褒めて頂いたこと。「親切で、明るく、たのもしいね」と言ってもらえて、この３日間やりがいがあってよかったなと思いました。この３日間、ワークキャンプとして老人ホームに行くまで、私の夢は小学校の先生だったけれど、いろんなことを学んで、将来は福祉士になりたいと強く思いました。

　　これからも、福祉の行事には、張り切って参加したいと思いました。そして、将来、世界一明るく、親切な福祉士になれるといいなと思いました。

M子さんは、私が中学校の３年間、担任をした生徒でした。家は自営業をされており、中学１年生の頃は「私は家を継ぐんやから」と言ってほとんど勉強もしていませんでした。そして、２年生の夏休み、無理矢理、ワークキャンプに参加させました。しかし、この作文を書いてから真面目に勉強するようになり、ぐんぐん成績が伸びました。

　３年生でいよいよ進路を決めるという時になって、将来、福祉士の道に進みたいというM子さんと、家業を継がせたいという父親が、進路をめぐって対立しましたが、結局、M子さんは福祉士の道を選べるような進路を決定したのでした。

　目標を明確に持った瞬間から、人は変わります。M子さんの成績は劇的に向上し、希望する道に進んで、今は社会福祉士として活躍しています。


　３例目は、今から７年前に「算数・数学の自由研究」作品コンクールで入賞した愛知県の中学校２年生の村田　一真君の『走れメロス』の「メロスの全力を検証」という研究を紹介しましょう。

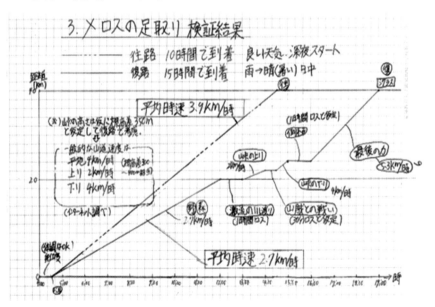

太宰　治の小説『走れメロス』の記述を頼りに、メロスの平均移動速度を算出したところ、野や森を進んだ往路前半は時速2.7㎞、山賊との戦い後、死力を振りしぼって走ったとされるラストスパートも時速5.3㎞でした。フルマラソンの一般男性の平均時速は約9㎞なので、思った以上に「ゆっくりしていってね！」な移動速度が算出されてしまいました。

その結果、「メロスはまったく全力で走っていない」『走れメロス』というタイトルは、『走れよメロス』のほうが合っているなと思いました」と感想を述べています。

着眼点が素晴らしいですね。この村田君は、現在、愛知県の高校の理科の先生として活躍しているそうです。

どうか、皆さんも、今年の夏休みには、この夏にしか出来ないことを優先し、健康・安全に気をつけながら、二度とない一日一日を大切に過ごしてください。


## 3. 勉強のゲーム化　　　　　　　　　　　　令和3年11月15日


今日から11月になりました。11月は、厚生労働省が「ゆとりの創造月間」に指定しています。これは1985年から始まったことですから、もう36年目になるイベントです。

そこで今日は、「忙中有閑」（ぼうちゅうかんあり・ぼうちゅうゆうかん）というお話です。

この言葉は、安岡正篤という人が残した言葉「六中観」の1つで、忙しい中でも心の余裕を見つけることです。

人間、ゆとりや余裕がないと、仕事ではストレスが溜まって病気になったり、人間関係がギスギスしたり、その結果、思いやりの心や新しい発想が生まれにくいと思います。

ノートルダム清心学園理事長で、マザー・テレサが来日した時の通訳をされた渡辺 和子さんは、「心の中に他人の気持ちを受け入れるゆとりを持ちましょう。愛はそこから生まれるのです」と述べています。

　しかし、毎日することは山ほどありますから、閑が出来たらやろうと思っても、なかなか閑にはなれません。

　中国春秋時代の武将で、兵法書で有名な孫子が、「善く戦う者は勝ち易きに勝つ者なり」という言葉を残しています。王様や力のある者ほど、余裕を持って勝つものだということです。もちろん、そのために、日頃の鍛錬や努力が必要なのは言うまでもありません。

　野球の世界では、「下手な選手ほど、ファインプレーをする」と言われます。下手な選手はぎりぎりのところでプレーするからファインプレーに見えるのですが、上手な選手は余裕を持ってプレーするので、傍目にはファインプレーに見えないのです。

　仕事も勉強も同じことです。あっぷあっぷしていい成績が残せるはずはありません。余裕を持って出来るように、早くから準備をスタートする習慣をつけてください。

　今月末に期末テストがありますが、1週間前からではなく、2～3週間前から準備しましょう。テストがあることが嬉しくて仕方ないという人はあまりいないと思いますが、テストを避けては通れません。同じやるなら、楽しんでやってほしいと思います。

　さて、今日は、今は看護師をしている、私の次男の中学時代の話をします。彼は、勉強が少し苦手で、テストであまりにひどい点数を取ってくるものですから、仕方なく、何回か、（特に英語を）教えようとしました。ところが、やる気がないものですから、ほとんど記憶として定着せず、親子喧嘩に至るのが常でした。

　テスト直前のある日、部屋を覗くと、案の定、勉強もせず、テレビゲームをしていました。

　私が「勉強は嫌いか？」と聞くと、「嫌い」と言います。「ゲームは？」

と聞くと「大好き」と言うので、「じゃ、どうして？」と聞くと、「勉強は
すぐ嫌になるけど、ゲームだったら一日中でも熱中出来るから……」と
答えます。「だから、それがなぜか考えてみなさい。学校の勉強なんて、
ゲームみたいなもんだぞ！」と言うと、なぜか腑に落ちたようで、翌日、
「勉強をゲーム化したらよさそうだ」と言ってきました。

　それから、しばらくほっておいたのですが、成績がめきめきと伸びてき
ました。「一体、どうしたんだ？」と聞くと、「達成目標を決めたこと、そ
のためのスモールステップを作ったこと、友達と競うようにしたこと、目
標を達成した時に報酬をもらえるようにしたことで、勉強もゲームも同じ
やり方で征服出来ると悟った」と言うのです。

　少しばかり感心しました。ゲームの要素やデザインを社会活動やサービ
ス開発に組み込むことを「ゲーミフィケーション」と言うそうです。

　勉強をゲーム化するために必要な要素は、次の４つです。

①適切な目標（クエスト）の設定
②友達と競ったり助け合ったりするコミュニケーション
③簡単すぎず、難しすぎない丁度よい難易度
④目標を達成した時にもらえるご褒美

　要するに、ゲームの仕組みと同じように、「楽しさ」「興味」「目的意識」
などを与えることによって熱中度を高め、勉強の効率を上げるのがゲーミ
フィケーションです。

　仕事でも勉強でも楽しくやれば効率がよくなり、成果も上がります。
嫌々机に向かうより、ゲームをするようにワクワクしながら楽しく知識や
技能を向上出来れば、しめたものです。

　嫌な「勉強」をゲームのように楽しんでやるということを覚えると、将
来、「仕事」においても、ゲームのように熱中して楽しんで出来るかもし
れません。

実は、私は、神出中学校の先生方にも、「ゆとりある公私混合」「遊ぶように傍楽（はたらく）」という話をしています。


# 4. ながら族の不幸 令和4年11月21日


　テレビを見ながら勉強しても身につかないなんてことは、誰でも知っていると思いますが、朝食を食べながら新聞を読んだり、歩きながらスマホを触ったりなんてことを、日常的にしているかもしれませんね。

　このように、2つ以上のことを同時にすることを「マルチタスク」といいます。一見、マルチタスクは効率がよいように感じますが、実は、集中力が40％低下し、ミスは1.5倍に増加し、作業スピードは40％にダウンするそうです。

　さらに、マルチタスクを習慣にしていると、いつも脳のスイッチがあちこち入れ替わっている状態となり、脳に大変大きな負担をかけてしまいます。脳はオーバーヒート状態になり、これを「モンキーマインド」とも呼ぶそうです。

　その結果、ストレスホルモン「コルチゾール」が分泌され、自律神経の乱れ、脳細胞の萎縮、神経過敏などの症状が出てきます。

　勉強に身が入らない、友達と遊んでいてもなんだかつまらない、やたら人の目が気になる、すぐに不安なことを考えるなど、心の健康を害してしまう状態になりやすいと言われています。

　私の友人の大脳生理学者は、「これまで、学校も会社も同時に多くのことをやれと言うマルチ人間を育てようとしてきたが、その結果、神経内科に通う人を増産させている」と言っていました。

　そもそも脳は1つのことしか処理出来ないのだそうで、マルチタスク脳ではなく、「シングルタスク脳」にすることを意識して生活した方がいい

のです。

　つまり、雑念を捨て、今やっていることに集中することの方が、生産性を高め、心の安定をもたらすということです。

　では、「シングルタスク脳」になるためにはどうすればいいのかというと、まず、「あきらかなマルチタスクはしない」こと。

　目先の作業と頭の思考を、完全に一致させるように心掛けるようにしましょう。

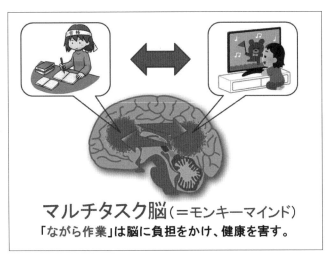

## マルチタスク脳（＝モンキーマインド）
**「ながら作業」は脳に負担をかけ、健康を害す。**

　次に、「脳をシンプルにする」ということ。アメリカの実業家でアップル創業者のスティーブ・ジョブズ氏は、こんな言葉を残しています。

Simple can be harder than complex. You have to work hard to get your thinking clean to make it simple. But it's worth it in the end because once you get there, you can move mountains.

　脳をシンプルにするには、「マインドフルネス瞑想」がいいそうです。これには、お寺の禅修行がベストですが、いつもお寺で禅修行を受けるわけにはいきませんので、日常生活では、食事をする時はしっかり食べ物を

見てから口に入れ、おいしいと思って歯で噛み、胃の中に入れる「食事瞑想」をしたり、歩く時は目線を意識し、足の裏で地面を感じて歩く「歩行瞑想」をしたりするなど、その時その時にやっていることの意味や効果を考えつつ、集中することが大切です。

　同じように、「トイレ瞑想」「お風呂瞑想」「勉強瞑想」「ラジオ体操瞑想」「皿洗い瞑想」など、いろいろ考えられますね。

　そうすると、仕事や勉強が楽しくなってきます。なぜなら脳は、「好きだから没頭する」のではなく、「没頭するから好きになる」性質を持っているからです。

　明日から期末テストが始まります。ぜひ、「シングルタスク」に没頭し、集中して勉強に取り組みましょう。

# 5. 暗記術　　　　　　　　　　　　　　令和5年2月20日

　学年末考査間近ですね。

　今年4月に配布した家庭学習の手引きの中に、「学習の仕方・五大原則」

というのを載せてあります。この中で最も大切なポイントは、「繰り返し理解せよ」ということです。

　具体的に36回やれば記憶が定着するということを述べてきましたが、勉強していて「ああ、もっと記憶力がよかったらいいなあ」と思うことはないですか？

　私の高校時代の友人にK君という子がいて、彼はとても記憶力がよかったのです。東大現役合格し、ハーバード大学大学院を卒業して日本のある企業に勤めていましたが、35歳の頃だったでしょうか、心を病んで入院したという連絡を受けました。

　人生には嬉しいことや楽しいこともありますが、悲しいことや辛いことも当然あります。彼はその悲しいことや辛いことが忘れられなかったのだそうです。

　私なんか、すぐ物忘れをしたり、なかなか覚えることに時間がかかったりするタイプだなあと思っていましたが、忘れることの出来る人間でよかったと思いました。

　イングリッド・バーグマンというスウェーデンの女優さんが、「幸福とは、健康と記憶力の悪さじゃないかしら……」という言葉を述べています。忘れることは素晴らしいことなのです。

　しかし、そうはいっても、テスト前はそうも言ってはおられないでしょうから、今日は「記憶術」をいくつか紹介します。

　「英語を制する者は受験を制す」と言われていますが、英語は「英単語」を覚えていないとお話になりません。

　英単語の覚え方にもいろいろなコツがありますが、その1つに、武藤たけ雄さんという方が書いた『英単語連想記憶術』というのがあります。

　たとえば、“altitude”という単語を「ある地ちょうど『海抜』0メートル」とか、“intend”を「いい点どうしても取る『つもりである』」という感じで覚えようとするものです。

intend

いい点どうしても取る「つもりである。」

　次に、「基礎表」を作って、覚えることをそれに関連づけるという方法があります。たとえば、電車が好きな人なら、大阪環状線のJRの19の駅と関連づけるのです。新幹線の駅の名前やＪＲ神戸線の駅なんかでも出来ます。

　もっと簡単な方法では、五本の手の指（お父さん、お母さん、お兄さん、お姉さん、赤ちゃん）と関連づけるとか、１月〜12月の季節、頭から足までの体の部分でも出来ます。

　１つ、皆さんに覚えておいてほしい、スティーブン・R・コヴィー博士の『７つの習慣』という本がありますので、日曜日〜土曜日の基礎表を使ってやってみましょう。

　「７つの習慣」というのは、次の通りです。


第１習慣　主体性を発揮し、自分で選択する
第２習慣　目的を持って、終わりを考えてから始める
第３習慣　重要事項・一番大切なことを優先する
第４習慣　Ｗｉｎ－Ｗｉｎを考える
第５習慣　まず相手を理解してから次に理解される
第６習慣　相乗効果を発揮する
第７習慣　自分を磨く（刃を研ぐ）

これを日曜日から土曜日に関連づけてみます。

たとえば、日曜日の朝は、昼まで寝るか、朝から運動するかで迷うことにします。そこで「主体性を発揮し、自分で選択する」道を選ぶということを関連づけるのです。こんなふうに、自分で物語を作ると覚えやすいでしょう。

学年末テスト、しっかり頑張りましょう。

# 第 7 章
# 人生観を語る

　さだ まさしさんの歌に、『主人公』という歌がある。

　その歌詞に、「自分の人生の中では　誰もがみな主人公」（作詞：さだまさし）とある。いろんな人生があっていい。しかし、人生は、筋書きのないドラマであり、撮り直しは出来ない。このドラマをどう演じるか、時には真剣に考えてみたい。

　あるベテラン脚本家が、ドラマの主人公には共通する２つの条件があると述べている。

　１つは、「ドラマは揉め事から成り立っているので、トラブルを解決する能力のない者は主人公にはなれない」ということだ。人生がうまくいっている間は、能力や人間性はあまり関係ないだろう。しかし、トラブルが起きたり、失敗したりした時にどう対応し、解決していくかで、その人の本性が試されると思う。

　もう１つの条件は、「ドラマの主人公は個性を生かしているからこそ魅力的であって、独自の人生観を持っていないとドラマの主人公にはなれない」ということだ。自分なりの人生観を育くむには、先哲の生き方を学び、自分にしか出来ない能力や自分が生まれてきた役割を見極め、それらを磨いていくことである。

　自分なりの人生観を持つための一助となる話を語ってあげたい。

# 1. 生きる目的 令和5年2月27日

　皆さん、おはようございます。

　今日は、2冊の本を持ってきました。

　「赤い歎異抄」と言われる『歎異抄をひらく』という本と、「青い歎異抄」と言われる『歎異抄ってなんだろう』という本です。

　どちらも高森 顕徹という浄土真宗親鸞会会長の本（後者は監修のみ）で、『歎異抄』の意訳や解説文が掲載されている解説書です。『歎異抄』は鎌倉時代後期に書かれた、親鸞の教えを記した仏教書です。著者は不明となっていますが、一般的には親鸞の直弟子の一人、河和田の唯円が書いたと言われています。

　「青い歎異抄」の帯には「やがて死ぬのになぜ生きるのか　その答えがここにある」と書かれています。命あるものはいずれ死を迎えます。それは誰一人として例外はありません。生きていることが虚しくなるほど、辛い出来事もあるのに、なぜ生きるのか……『歎異抄』には、「なぜ生きるのか」という人間が一度は考える根源的な問いについて、答えが明示されているのです。

　「20世紀最高の哲学者の一人」と言われたドイツの哲学者、ハイデガーは、『歎異鈔』についてこんな言葉を残したそうです。


　今日、英訳を通じてはじめて東洋の聖者親鸞の『歎異鈔』を読んだ。

　「弥陀の五劫思惟の願を案ずるにひとえに親鸞一人がためなりけり」とは、何んと透徹した態度だろう。

　もし10年前にこんな素晴らしい聖者が東洋にあったことを知ったら、自分はギリシャ・ラテン語の勉強もしなかった。日本語を学び聖者の話を聞いて、世界中にひろめることを生きがいにしたであろう。

　遅かった。

日本大衆文学の巨匠、司馬　遼太郎は、「無人島に一冊の本を持っていくとしたら『歎異抄』だ」と述べています。参考までに、司馬　遼太郎は、日本の小説家の中でも著書が大変多く、累計発行部数は２億部に近く、『功名が辻』『翔ぶが如く』『徳川慶喜』『国盗り物語』『竜馬がゆく』『花神』の６作がＮＨＫ大河ドラマの原作となっています。

　さて、今日のお話のテーマは、「何のために生きるのか」という生きる目的についてです。

　人生100年時代と言われていますが、生きる目的を知っている人は、人生がうまくいくとか、充実した人生になると思われます。たとえば、あなたが大海原に浮かんでいるボートに乗って漕いでいるとします。どこに向かって漕いでいいのかわからない時よりも、あの島に向かって漕ごうとわかっている方が、漕ぐ力に差が出てくるでしょう。

　これまで、いろんな偉人たちが「何のために生きるのか」という命題について語ってきました。YouTuber のラッキーという心理カウンセラーが、その主なものを５つにまとめて挙げています。

　まず、１つ目は、「生きるのに意味はない」という意見。ただし、一生懸命に生きていれば、必ず生きる意味が見えてくると信じて頑張ろうということで、自分の存在価値を保つことです。

　２つ目は、「幸せになるため」に生きる。ちょっとエゴイストのような気もしますが、自分がまず幸せになると、周りの人や世界が幸せになるという考え方です。

　３つ目は、「魂の向上のため」に生きる。思い通りにならないことや苦労の多い人生でも、「これは魂を磨く試練だ」と人生で起こるすべての出来事を「学び」に変えて心を磨いていく考え方です。

　４つ目に、「世の中の生成発展のため」に生きる。たとえば、道路を作ったり、何かを発明したりすることが世のため、人のためになっていると考え、その貢献感が自分の「誇り」となる人です。

最後は、「自分を高めるために」生きる。これは、超人的な感じがしますが、たとえば、プロ野球の選手が自己記録を伸ばすためにトレーニングを重ねるというような感じで、最高の自分になって、天国に帰るというような考え方です。上司が早く帰るから仕事をサボろうというサラリーマンはいますが、監督が先に帰ったから練習で手を抜こうと考えるプロ選手はいませんね。

　しかし、実は「人は何のために生きるのか？」ということについては、心理学でも哲学でも、その明快な答えは出ていないのです。

　ですから、人は落ち込んだり、悩んだりすることがあり、生きることに虚しさを感じるのです。「自分は何かの役にも立っている」という実感がなく、自分の存在価値を感じられない時、人は「何のために生きているのか？」という疑問が湧いてきます。これを「無価値観」といいます。

　じゃあ、どうすればいいかというと、もしかしたら、宗教にその答えがあるのかもしれませんが、もっと簡単なことで、「人の役に立てばいい」のです。

　アドラーという心理学者は、「心を安定させるのに最も効果的な方法の1つは、人に親切にすることだ」と述べています。

　生きる目的に正解はありません。「私は○○のために生きているんだ」と考えることで、人生はなぜかうまくいくことが多いと思います。

心理学者 アドラー

うつ病患者

この処方どおりにしたら、二週間できっと全快しますよ。
それは、どうしたら他人を喜ばすことができるか、毎日
考えてみることです。

考え方のコツ

人は、○○のために生きるのだ。
と考えると、なぜか人生うまくいくよ。

# 2. 上善は水の如し  令和5年2月6日

　コップに真水で作った氷と真水をぎりぎり一杯に入れると、氷が少し浮かんで出てきます。この氷が溶けて水になると、水はこぼれるでしょうか？ 小学4年生の問題です。

　答えはこぼれません。水が氷になると体積が大きくなっているので、氷が溶けても大丈夫ということです。

　これを根拠に北極の氷が溶けても海水面が上がらないという人もいますが、それは間違いです。塩分を含んだ海水と、真水から出来た氷山では密度、つまり比重が違うので、海水面は上がります。

　次に水を熱するとどうなりますか。100℃を超えると、蒸気になって消えてしまいます。液体が気体になること、これを「気化」するというのでしたね。ちなみに、個体がいきなり気体になったり、気体が個体になったりすることを「昇華」といいます。

　さて、今日は、「水」に関するお話です。

　地球に一番多い物質は、海水ですね。以前、修学旅行で長崎県の壱岐に行った時、小島神社という海に浮かんだ島が、潮の干潮時に渡れるようになるのを見て、非常に感動した覚えがあります。香川県の小豆島のエンジェルロードや岡山県牛窓の黒島ヴィーナスロードなんかも有名ですが、皆さんはモーセの海割り伝説を聞いたことがあるでしょうか。

　これは、旧約聖書の『出エジプト記』に書かれている話で、奴隷になっていた60万人のヘブライ人を預言者モーセが連れてエジプトを出ます。目前に海が見えた時、後方からエジプトの軍隊が奴隷たちを連れ戻しに追ってきました。モーセは神に祈り、杖をふるうと海が割れてヘブライ人たちは渡ることが出来ましたが、その後を追ってきたエジプトの軍隊は溺れ死んだという話です。

そんな馬鹿な話と思うかもしれませんが、2010年、アメリカのカール・ドリュースという学者がコンピュータ・シミュレーションによってその可能性を研究し、実際にそうしたことが起こり得るということを科学誌「PLOS ONE」で発表しています。

海割れとまではいかなくても、潮の満ち引きで陸が見えたりするのは、月の引力のためだということは皆さんも知っていると思います。

私たち人間の体は年齢や性別によって違いはありますが、約60%が水分で出来ていると言われています。当然、月の引力の影響を受けていると言ってもおかしくはないでしょう。

ところで、福井県に永平寺という有名なお寺があります。ここは道元が曹洞宗という禅宗を開いたところです。今でも座禅をしたり、典座という修行僧への食事を出してくれたりします。

ここに、兵庫県播磨の国生まれで、戦国時代に豊臣秀吉の参謀として活躍した黒田孝高、通称、黒田官兵衛の教えである「水五訓（水五則）」というのがあるそうです。


一、自ら活動して他を動かしむるは水なり。
一、障害にあい激しくその勢力を百倍し得るは水なり。

一、常に己の進路を求めて止まざるは水なり。

一、自ら潔うして他の汚れを洗い清濁併せ容るるは水なり。

一、洋々として大洋を充たし発しては蒸気となり雲となり雨となり
　　雪と変じ霰と化し疑っては玲瓏たる鏡となりたえるも其性を
　　失わざるは水なり。

黒田 官兵衛

　水は「生命の源」で、①形を変える「柔軟性」、②低きに流れる「謙虚
さ」、③時に命を洗い流す「秘めたるエネルギー」の３つの大きな特徴を
持ちます。

　このことを、道教の開祖である老子という人は、「上善は水の如し」と
いう言葉で表しています。「上善」とは最高にいいこと、つまり、最高の
人生のあり方は、水のように生きることだと説いたのです。

　ちなみに、黒田官兵衛は剃髪後、自らを「黒田如水」と名乗っていまし
た。

　さて、英語のことわざに、"Running water is better than standing." と
いうのがあります。日本のことわざで近い言葉は、「流れる水は腐らない」
「流れる水は清く、留まった水はくさい」でしょうか。

　いよいよ３年生は、今週末、私学入試です。悩むことは立ち止まること
です。走り続けて入試を突破してください。

# 3. 人生観の変わる国、ニュージーランド　令和5年1月22日

　ニュージーランドについて、どんなイメージがありますか？

　羊、オージービーフ、ラグビー、キウイなどでしょうか。

　私ごとですが、以前、文部科学省教職員海外派遣研修で2週間、ニュージーランドに行ってきました。

　ニュージーランド航空のパンフに、「人生観の変わる国、100％ PURE New Zealand」とありました。なんと過大な表現だろう思っていましたが、ニュージーランドに行かせてもらって、私は自分自身の「教育観」が変わったと思います。

　日本の人口は約1.2億人、大学進学率は61％、出生率は1.4人です。アメリカ、イギリス、中国、韓国などと比べても、ニュージーランドは人口約0.044億人、大学進学率は30％、出生率は2.1人と先進国の中では特異な数字です。

　最初、私は「なんでこんな忙しい時期に、教育レベルの低い国に行かな

きゃいけないんだ」などと思っていましたが、実際に行ってみると、日本よりはるかに教育レベルの高い国だったのです。

　関西空港から飛行機に乗ること11時間30分、帆の街オークランドに着きました。さらに国内線に乗り換え、首都ウェリントンで2泊。そこからバスに5時間乗ってネーピアという町で8泊。最後はオークランドに戻って4泊しました。

　訪問したネーピアの学校の子どもたちは、いずれも、先生の話を素直に聞き、意欲的・創造的に、大変落ち着いた雰囲気で学習に取り組んでいました。

　日本でも「三つ子の魂、百まで」と言われますが、ニュージーランドでは、3歳までの環境はその後の学習能力を大きく左右するということで、就学前教育（PAI）に力を入れています。PAFT（Parents As First Teachers）という親教育プログラムもあり、躾教育などは、家庭の責任とされています。

　ニュージーランドの小学校は、5歳になった日に入学します。それぞれ自分の誕生日にバラバラに入学し、小学校は6年間、中等教育は7年間で、最初の2年間は、Intermediate School と呼ばれる中間学校、後半5年間は、High School と呼ばれる中等学校で教育が行われています。

　日本でいうような高校受験というものはなく、基本的には、自分の好きな学校に通ってよいことになっています。小学校2年生から High School 4年生までの11年間が義務教育となっています。

　大学進学率がなぜ低いかというと、High School を卒業した段階で、日本の大学4年生を終えたと同じくらいの力がついているからです。

　小学校では、読み・書き・計算の反復練習がされていました。生徒たちは小グループで先生の周りに円になって座り、一人ひとりに声をかけて学習が進められていました。教室も大変きれいで、掲示物などにも大変気を配っていました。

Onekawa Primary School

　また、文化的な授業 Arts にも力を入れており、Arts には、Drama（演劇）、Dance（ダンス）、Music（音楽）、The Visual Arts（美術）があり、ほとんどが必修になっています。

　さらに、コンピュータ教育も小学校の頃から取り入れられています。普通の教室にも必ずコンピュータが設置されており、子どもたちは自由に利用していました。

　ニュージーランドでは1クラス27 〜 28 人の人数で学級が構成されており、アシスタント・ティーチャーやヘルパーがいて、少人数で授業がなされていました。教室の掲示物にも工夫がなされ、一人ひとりを大切にしている様子が感じられました。

　授業中の子どもたちの真剣さは、日本の比ではありません。どの学校でも、規律正しく、非常に静かな環境で学習に取り組んでいました。宿題はほとんどなく、子どもたちは塾にも行っていません。しかし、勉強に対する姿勢がよく、しっかりとした学力をつけているように感じました。

マオリ語の授業

Napier Girl's High School

　各学校には学校理事会（Board of Trustees）というものが設置され、校長、教員代表、保護者代表、中等学校３学年以上の生徒代表、地域代表者などから組織され、国から配分される予算の具体的な運用や教職員の配置など、学校運営についての決定をします。その権限は絶対的で、たとえば、先生を雇うのもクビにするのも、決めることが出来るのです。

　世界で初めて女性参政権を得たニュージーランドでは女性の社会進出も盛んなことから、国家首相をはじめ、多くの学校の校長先生も女性が占めていました。夫の家事分担も多くあります。Kiwi という夜行性の鳥は雄が卵を暖めることから、Kiwi-husband という言葉もあるそうです。

　ニュージーランドには先住民族のマオリ族がいます。当初は争いが絶えなかったそうですが、ワイタンギ条約締結以降、友好的な関係が保たれています。そして、現在は、互いの言語・文化を大切にし、違いを認め、受け入れ合う共生社会が形成されています。

　ニュージーランドの国歌は、英語とマオリ語で歌われます。私たちも、鼻と鼻をくっつけて互いの息が一緒になることで理解し合う hongi という挨拶や haka と呼ばれる勇ましい戦いの歌やダンスで歓迎を受けました。haka は、ニュージーランドのラグビーのナショナルチーム、オールブラッ

クスの選手たちが、試合前に相手を威嚇するために行う儀式としても有名ですね。

　また、マオリの人たちは非常に大きな体をしています。特に女性は太っていることが美人の証で、お相撲さんのような体型をした人がたくさんいました。クラスの中でも、マオリの子はよく目立ちます。しかし、生徒たちは実に仲がいいのです。

　ニュージーランドでは、公用語が英語とマオリ語であることもあって、授業でもマオリ語の授業を取り入れています。

　ニュージーランドの生徒たちに、「学校で一番嫌なことは何ですか？」と聞いてみたところ、「友達が他の人から嫌がらせをされたり、仲良くしてもらっていないところを見た時」というのが一番多い答えでした。"IJIME"はありますかと聞いたら、「そんな言葉は知らない」と言っていました。ちなみに IJIME は日本で生まれた言葉ですが、今やアメリカなどでは十分意味が通じるそうです。

　アメリカでは、先住民族インディアンと闘い、虐げてきた歴史がありますし、日本でも、アイヌ人を支配してきた歴史があります。そういう国では、民族に優劣をつけ、一方が他方を押さえてきたので、「いじめ」が起こりやすいのかもしれません。しかし、ニュージーランドで感じたのは、

互いの文化を尊重し合う風土でした。お互いの価値を認め、尊重し合う中で「いじめ」なんていうことは決して起きないのでしょう。

　ニュージーランドの温暖な気候を利用して、ネーピアではワイン作りが盛んに行われています。もちろん、羊もたくさんいます。ニュージーランドでは、人口の12倍を超える羊がいるそうです。他に、牛、馬、鹿の牧場もたくさんありました。

　町並みは非常にきれいです。ネーピアでは1931年に大きな地震があり、町が壊滅しました。その後、美観を大切に、町作りがなされてきました。アール・デコ調の家が立ち並び、どの家にも手入れの行き届いた芝の庭があります。道路も広く、ノーフォークパインツリーやクリスマスツリーと呼ばれる大きく姿の美しい街路樹が植えられています。町にゴミなどほとんど落ちておらず、裸足で歩いている人も多くいました。ネクタイ・スーツ姿に裸足で通勤なんて人も少なくありません。

　ニュージーランドの発電はほとんどが水力発電です。火力発電はほとんどなく、原子力発電は皆無です。最近では、風力発電や太陽光発電も増えてきましたが、いずれにせよ、空気を汚すようなことはしません。

　ニュージーランドのどの学校にも、芝の広いグランドがあります。ネーピアで訪れた学校は、100 m × 600 mほどの大きさのグランドがありました。生徒たちは、校舎内でもグランドでも、裸足でいることがほとんどです。

　午前中に、モーニングティーの時間があります。先生も生徒も、この時間はお茶を飲んでお菓子を食べるのです。また、ランチタイムは、基本的には屋外でとることが多いようです。グランドの芝に座って弁当を食べる……毎日がピクニックみたいなものだと感じました。

ニュージーランドの英語は
オージーイングリッシュとい
うなまりがあります。たとえば、
Monday は「マンデー」と発音
されず、「マンダイ」と聞こえま
す。別れ際に、"See you later."
を「スィー ユー ライター」と言
うものですから、煙草でも吸う

のかと思って、思わずポケットからライターを探してしまいました。

神出中学校の教育目標に、今年度も「共に生きる」という言葉を入れて
いるのは、私の体験によるものなのでした。

## 4. 一寸先は光（ヘレン・ケラー：楽天主義） 令和4年6月27日

私たちは、情報を得るのに、普段、五感（視覚、聴覚、触覚、味覚、嗅
覚）を活用しており、第六感や第七感、さらに第八感もありそうだという
話をしてきました。また、もし、視覚か聴覚のどちらかを失うと言われた
ら、どちらを選びますかという質問もしたと思います。

ところで、生まれてから19カ月で目・耳・口が不自由になり、「見えな
い、聞こえない、話せない」という三重苦を抱えながらも、今のハーバー
ド大学を卒業し、世界各地で福祉活動に献身し、「奇跡の人」と呼ばれた
人がいます。

そう、ヘレン・ケラーですね。実は今日6月27日は、ヘレン・ケラー
が生まれた日です。ヘレン・ケラーは、幼くして「見えない、聞こえない、
話せない」という三重苦を抱えてしまいましたが、7歳の時に家庭教師の
サリバン先生と出会います。サリバン先生は当時、まだ22歳だったそう

です。

　サリバン先生は、ヘレンにいろんな物を触らせ、指文字で教えました。ヘレンが井戸の水に触れた時に、サリバン先生が指文字で何度も「ウォーター（water）」とつづって、ウォーターの意味を理解することが出来たという話は、「井戸端の奇跡」として何度も映画やドラマになってきました。ヘレン・ケラーは特に触覚が研ぎ澄まされ、その後、人と握手をしただけで、相手の性別や年齢、その人の感情や性格なども察することが出来たそうです。

　さて、ヘレン・ケラーは『私の住む世界（The World I Live in)』や『私の宗教（My Religion)』など、生涯に7冊の本を書いていますが、大学在学中に書いた処女作に『楽天主義（OPTIMISM)』という本があります。

　この本の中で、ヘレン・ケラーは、「幸せかどうかは、自分の心の持ち方次第で、周りの環境や、自分の財産や健康などという条件によって決まるのではなく、『私は幸福だ。これまでの人生で経験したすべてが無駄ではなかった。それらの経験が私をここまで成長させてくれ、幸せにしてくれたんだ。』と断固として宣言する《意宣（いのり）＝自らの意志を宇宙全体（神）に宣言する》ことだ。」と述べています。

また、「楽天主義こそいっさい
を成功に導く信念である。希望
がなければ何ごとも成就するも
のではない」と述べ、さらに「悲
観的に考えてしまうと、なかなか
希望がもてないでしょう。希望が
なければ、努力も出来ず、何も成

しあわせは
いつも
じぶんの
こころが
きめる...

（相田みつを）

就出来ないでしょう」「明日は今日より美しい。明後日は明日よりさらに
美しい。楽天主義者はそのように信じている」という言葉を残しています。


## 5. 人生は掛け算 　　　　　　　　令和4年3月25日

　まもなく、春休みですね。春休みは新学期に向けての準備の期間です。
心も体もリフレッシュさせ、次の生活に夢と希望と熱意を充電して、始業
式に臨んでほしいと思います。
　ところで、掛け算は、1つの要素でも「ゼロ」だと、全体としての成果
が「ゼロ」になるという性質を持っています。
　たとえば、チームスポーツの勝敗の結果は、①体力・体格×②技術（ス
キル）×③戦術（作戦）×④精神力×⑤チームワーク×⑥運で考えられます
が、これらの要素のうち、1つでも「ゼロ」だと、全体としての成果は
「ゼロ」になります。
　バレーボールを例に挙げると、いかに個々の体力・体格が優れ、スパイ
クやサーブの技術が高く、戦術や精神力に問題がなくても、チームワーク
がゼロだと、ゲームで勝利を収めることは出来ません。逆に、チームワー
クのいいチームは、2倍、3倍ものパフォーマンスを発揮出来るというわ
けです。

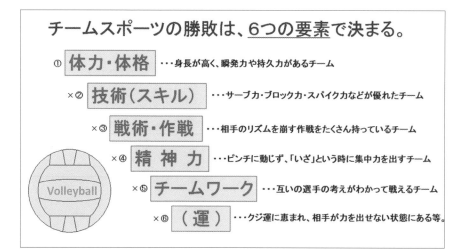

学業成績も、学習意欲×学習時間（量）×学習方法（質）の掛け算で考えられます。すなわち、意欲を持って、時間をかけ、学習方法を工夫すれば、必ず成績は上がります。1日は24時間で限られているので、究極的には、いかに限られた時間で能率を上げて学習するか、学習方法を工夫することが大切です。

しかし、自分なりの学習方法を見つけるためには、量をこなさないと駄目です。スポーツにしろ、勉強にしろ、どんなことでも、訓練に属するものにおいては、まずは量をこなすことが重要です。

たとえば、デッサンを描くのに、50枚しか描けない人と、5,000枚描いても、まだやめようとしない人とでは、体力や気力が違います。オランダ

生まれの画家ゴッホは、ひたすら描き続け、炭鉱労働者のような逞しい筋肉質の腕をしていたといいます。また、日本の漫画家、手塚 治虫にしても、３日間、不眠不休で描き続けることがしばしばであったといいます。量をこなすから、自分に合った方法が発見出来るのです。

さて、京セラの創業者で、経営不振にあった日本航空を立て直したりした、稲盛 和夫さんという人は、人生の結果を「考え方×熱意×能力」という掛け算で示されています。この中で最も重要な要素は「考え方」で、プラス思考をするのか、マイナス思考をするのかで、大きく差が出てくるとしています。考え方を間違えてしまうと、バイキンマンと同じですね。


エジソンは「すべての進歩や成功は『考える』ことから生まれる」と述べていますし、ニュートンが万有引力を発見したのは、いつもいつも引力のことを考えていたからです。

先生に叱られた時でも、なぜ（Why）と考える人と、どうやって（How）と考える人とでは、その後の成長に大きな差が出てきます。

春休みの過ごし方についても、どうやって（How）過ごすかと考えるのではなく、なぜ（Why）春休みはあるのかと考えて過ごしてほしいと思います。

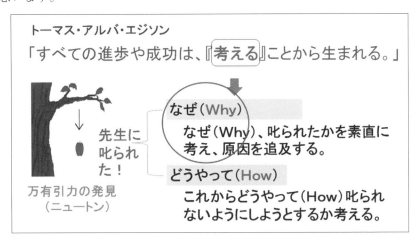

また、私から、皆さんに春休みの宿題（課題）を３つ出します。新学期にいいスタートを切れるための準備です。

　①座りっぱなし・寝っぱなしの禁止

　②遅くまで寝ていることの禁止

　③寝る直前に食べることの禁止

　人生にはリセットボタンはありませんが、スタートボタンは何回押しても構わないのです。春休みにいい準備をすることを心掛けましょう。


# 6. 七転八起　　　　　　　　　　　令和4年2月21日


　「七○八○」……○に入る漢字は？

　「七転八倒」や「七難八苦」でも間違いではないのですが、ここは「七転八起」と答えてほしいものですね。

　７回失敗しても、８回成功してみせる！というのは、相撲の星取り表から生まれた言葉でしょう。相撲は一場所15試合を行います。15戦全勝というのはなかなか難しいもので、関取の番付は８勝７敗、つまり七転び八起きで「給金直し」となって下に落ちなくて済むのです。失敗を１つ上回る成功を得ることが、大切だということでしょう。

　さて、今日はその大相撲の横綱、照ノ富士が2021年11月に出した『奈落の底から見上げた明日』という本を紹介します。帯に「七転八起」と書かれていますが、照ノ富士は、大関の地位からけがと病気のために、関脇→小結→前頭→十両→幕下→三段目→序二段と７階級も落ち、そこから８階級上り詰めて横綱になったのです。

　力の強い象を調教するのに、最初は大きな竹につなぎます。はじめ、象は、自由を得るために竹を揺さぶり、引き倒そうとしますが、何日かすると諦めて、もう二度と逃げ出そうとはしないそうです。

それからは、小さな杭を地面に打っておくだけで、象はおとなしくつながれているのだそうです。これを「エレファント・シンドローム」といいます。

しかし、人間はそうであってはなりません。

「昨日の失敗は明日取り返せ」とは、日本の近代医学の先駆者、杉田 玄白の言葉です。

また、こんな人もいます。22歳で事業に失敗、25歳で再度事業に失敗、26歳で恋人の死に直面、27歳で神経の病を患い、34歳から5年に3度も下院議員選挙に落選、46歳で上院議員に落選、47歳で副大統領になろうとするが失敗、49歳で上院議員選挙に落選、51歳で大統領となったその人は、アメリカ16代大統領、アブラハム・リンカーンでした。

世界の発明王トーマス・アルバ・エジソンの最も大きな功績は電球の発明でしょう。彼は今でいうフィラメントやタングステンなら明かりがつくということを発見するまでに、なんと6,000回の失敗を繰り返したそうです。しかし、エジソンは「6,000回、違う方法を発見した」と述べたそうです。

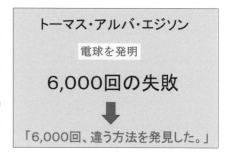

「経営の神様」と言われたパナソニックの創業者、松下 幸之助さんに失敗談を聞いたら、「失敗なんぞ一度もしたことがありません」「失敗したところでやめるから失敗になりますのや。成功するまでやり抜いたら、失敗ではなくなります」という返事が返ってきたそうです。

「段ボールの生みの親」と言われるレンゴーの創始者、井上 貞治郎氏が、失敗を成功に逆転するポイントを6つ挙げています。

①20代、30代の失敗は十分に取り返し可能である

②たとえ失敗しても、人間同士の信頼関係は大事にすること

③同じ失敗を繰り返さないために、敗因分析をきちんとする

④独りよがりにならないこと。必ず相談する人脈をもつこと

⑤「人にいくら頭を下げても税金は1円もかからない」と思え

⑥どんな境遇にあっても、「成功するぞ」「敗者復活だ!」という情熱だけは常に燃やし続けておくこと

最初に紹介した照ノ富士の本にも、仲間や人間関係の大切さが書かれています。

・余命宣告を受けるほどの絶望からどう希望を見いだしたのか

・「仲間」がいることで与えられた力

・人が離れていったときに見えた本当の「人間関係」

・変わることのない信念

人生には一見、失敗したと思われることが必ずあります。しかし、必ず、成功に逆転することは出来ます。その時に大切なのは、仲間や人間関係なのです。


# 7. 右手のぼやき　　　　　　　令和3年10月18日


今日は、「右手のぼやき」というお話をします。

実は、今年の夏休み、私は左肘の手術をし、しばらく三角巾をつけた生活をしていたのですが、その時にもこの話を実感しました。

私たちは毎日、右手と左手を使って生活をしています。

ある朝、洗面所で顔を洗っている時です。歯磨きをしている右手がふっと横を見ると、左手はだらりと下に垂れて何も動いてません。「あれ、僕はこんなに動いているのに……」、右手は左手のことが気になりました。

それから学校に行きました。授業が始まり、黒板の文字を書き始めたその時です。鉛筆を握った右手がふっと横を見ると、左手は机の上にあるだけで何も動いていません。「僕は一生懸命に黒板の字を写しているのに

……」、右手はちょっとぼやきました。

　給食の時間になり、お昼ご飯を食べる時も、右手は左手が気になって仕方がありません。そっと横を見ると左手はお茶碗を握っています。右手は少し安心しました。ところがよく見ると、左手は全然動いていないのです。「やっぱり動いているのは自分だけ。これは不公平だ……」、右手は大いにぼやきました。

　ところがある日、左手はヤケドをして、しばらく動かせなくなりました。

　朝起きて顔を洗おうとした時です。右手だけでは水がすくえません。チューブから歯磨粉を出すのも一苦労。右手は包帯に包まれた左手をそっと見ました。

　勉強の時間も困りました。書く時にノートがするする動いて、うまく書けません。右手は、今まで左手がノートを押さえてくれていたことに気がつきました。

　給食の時間も大変でした。右手だけではお椀を持ちにくいし、ご飯を食べる時も前かがみ、とても窮屈です。「左手は僕を支えてくれていたんだ」と気づき、右手は左手にすまないと思いました。

　やがて左手のヤケドが治りました。今では右手と左手は、一緒に協力し合って生活しています。

　一人で出来ることには限界があり、何事もそれぞれの役割を考えて力を合わせてやるといい成果が出るのです。

　私たちの体には、様々な部分があります。目、口、鼻、手、足、頭など、いろいろな部分はそれぞれの働きをしています。目は耳に対して、「お前はいらない」と言えません。手は「足なんか邪魔だ」とも言えません。それぞれ異なる働きをしながら、必ず１つにならなければなりません。

　それと、面白いのは、体のどこか一部分でも苦しむと、体全体が苦しむということです。たった１匹の蚊に体のほんの小さな部分でもかまれると、体全体がいらいらしてきますね。１つの部分が苦しめば全体が苦しむ、１つの部分が痛い思いをすれば全体が痛む、１つの部分が心地よいならば全

体が心地よくなる。「体」とはそういうものなのです。

　学校というところも、皆さんや先生、保護者の方、地域の方々が共有して、1つの「体」を作っています。体育会を成功させたというのも、みんなが心を1つにして、この成功を願い、取り組んだからでしょう。1つだけ、あるいは1人だけが頑張ったのではありません。みんながお互いに関係し合って、助け合い、持ちつ持たれつの関係であったから成功したのです。これを体育会の時に話した「縁起」というのです。

　「縁起」というのは、この世の物事は単独で存在するものはなく、持ちつ持たれつの関係で、1つの共同体を作っているということをいいます。

　この世に、役に立たないなんて人は一人もいません。合唱コンクールに向けてもそれぞれの役割を考え、力を合わせて成功させましょう。

　さて、その合唱コンクールに向けてですが、スポーツ選手への戒めの言葉であり、東都大学の野球部が大切にしている言葉に、「走姿顕心（そうしけんしん）」というのがあります。「走る姿に心が顕れる」という意味ですが、同じような言葉で、「声姿顕心（せいしけんしん）」というのがあります。「声や言葉にその人の心が顕れる」という意味です。

校内に皆さんの合唱の声が響き渡っています。私はこの時期が、一番、学校らしいと感じる好きな時期です。しかし、練習が思い通りにいかないこともあるでしょう。古代ギリシアの哲学者ヘラクレイトスは、「最も美しい和音は不協和音から作られる」という言葉を残しています。うまくいかないことがあったり、トラブルが発生したりする方が、いいクラスになると思って、合唱コンクールの練習に取り組んでください。

**Have a Song on Your Lips .**
（くちびるに歌を）

**歌は人生を豊かにする。**

**「声姿顕心」**
せい し けん しん

歌の3大要素
①パワー
②ビジュアル
③ハーモニー

## 8. さ、ひっくり返そう

令和3年7月5日

　神出小学校の学校だよりが届きました。中山校長先生の書かれた6月号の巻頭言に、「当たり前の反対語？」というお話が載っています。

　物事は、反対から見ると見えてくるものがあったり、反対から考えるとうまくいくことがあったりするものです。

　たとえば、ある人と接していて、その人の言葉で腹を立てるようなことがあっても、別の視点でその人の行動を見てみると、「すごい人だなあ」と思うことだってあります。

　先日、2年生が道徳の授業で「リスペクトアザーズ」という題材を取り上げていましたが、このリスペクトというのは「re（再び）＋ spect（見る）」ということですから、もう一度、別の観点で、反対から人を見れば、違ったいい面を発見出来るということでしょう。

　また、今、期末テストが終わって、なかなか勉強にやる気が起こりにく

い時期ですね。やる気を出す方法は、皆さんもある程度わかっていると思いますが、反対の視点で、やる気が出ないのはどうしてかと、その原因を考えてみると、解決法が見つかることもあります。

さて、この字はアンビグラムといって、反対から読むと「挑戦」が「勝利」に読めるという字です。

文章なんかも反対から読むと全く違った意味になる文章があります。近日中に、いくつか校長室前に掲示しておきますから、興味のある人は読んでみてください。

2020年の元日に、そごう・西武が、身長168cm、体重98kgの幕内最小の力士・炎鵬晃をモデルに起用した広告「わたしは、私。」を公開しました。この広告を紹介しましょう。

大逆転は、起こりうる。

　　わたしは、その言葉を信じない。

　　どうせ奇跡なんて起こらない。

　　それでも人々は無責任に言うだろう。

　　小さな者でも大きな相手に立ち向かえ。

　　誰とも違う発想や工夫を駆使して闘え。

　　今こそ自分を貫くときだ。

　　しかし、そんな考え方は馬鹿げている。

　　勝ち目のない勝負はあきらめるのが賢明だ。

　　わたしはただ、為す術もなく押し込まれる。

　　土俵際、もはや絶体絶命。


　この文章を下から読んでいくと、その意味が一変しますね。

　ところで皆さん、砂漠の真ん中に放り出されて、水筒に半分くらいの水しか残っていないとしたら、どう思うでしょうか？

　「もう半分しか水がない」と考えるか、「まだ半分残っている」と考えるかによって、生死が左右されると言われます。「まだ半分水が残っているから大丈夫、なんとか生きられる」と信じれば、生き抜く気力が湧き、乗り切ることが出来るのです。窮地に陥った時に、このようにプラスの発想をすることが大切ですね。

　最後に、カウンセリングの技法の１つである「リフレーミング」というのを教えましょう。

　リフレーミングとは「再度、枠づけをし直すこと」という意味で、困っている現象にもプラスの意味があると捉えることで、心に少し余裕が生まれたり、物事の捉え方が変わってきたりします。

「ああ、疲れた」ではなくて、「よく頑張った」

「忙しい」ではなくて、「充実してる」

「最悪」ではなくて、「いい勉強になった」

「あきらめが悪い」ではなくて、「粘り強く一途で、チャレンジ精神に富む」

「おせっかい」ではなくて、「面倒見がよい」

「気が小さい」ではなくて、「用心深い」

「口が軽い」ではなくて、「率直で、うそがつけない」

「すぐ泣く」ではなくて、「感受性が豊か」

「だらしない」ではなくて、「こだわりがなく、大らか」

「根暗」ではなくて、「自分の心の世界を大切にし、物静かで落ち着いてる」

「目立ちたがり」ではなくて、「自己主張が出来て、自己表現が活発」

「目立たない」ではなくて、「素朴で、協調性がある」

　実は、皆さんの保護者の方に学期末に渡している通知表の所見にも、このリフレーミングが使われているのですよ。

# 9. 命のバトン　　　　　　　　　　　令和4年9月12日

　一昨日は中秋の名月。雌岡山（めっこうさん）に輝く月を撮ってきました。

　人間は月から多大な影響を受けているのに、私たちは月に何にも与えていないなあと考えていました。人間社会では Give & Take が大切とされていますが、月は Give & Give

だなあと思って見ていました。

　さて、今日は数学の勉強からです。

　三平方の定理、別名、ピタゴラスの定理を知っていますか？

　そのピタゴラスの残した言葉に、
「万事に先立って、汝自身を尊敬せ
よ」というのがあります。

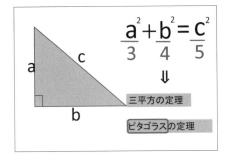

　尊敬の「尊」という字は、酒だる
を示す字と両手を示す字からなり、
手に酒だるを持って神に捧げるとい
う意味です。「敬」という字は、体
を深く曲げた礼をさせるという意味から、人に敬意を持っておろそかにし
ないことをいいます。

　人を大切に思う心は、自分自身を大切にする心から育つものだと思いま
す。単なる身勝手では困りますが、自分自身を大切に出来ない人が周りの
人に対して優しく接したり、温かい言葉をかけたりすることは難しいで
しょう。

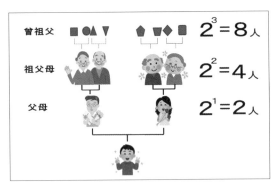

　私たちは、父母２人、祖父母４人、そのまた上の８人の方の血を引き継
いでいます。これを10代遡ると1,024人、20代遡ると104万8千576人、
30代前に遡ると10億7,374万1,824人となり、40代前に遡ると1兆995
億1,162万7,776人です。

このことを書家の相田みつをさんが、「いのちのバトン」という詩で表現されています。


「自分の番　いのちのバトン」
　父と母で二人
　　　父と母の両親で四人
　　　　　そのまた両親で八人
　こうして数えてゆくと
　　　十代前で、千二十四人
　　　　　二十代前では－－？
　　　　　　　なんと、百万人を越すんです
　過去無量の
　　　いのちのバトンを受けついで
　　　　　いま、ここに
　　　　　　　自分の番を生きている
　それがあなたのいのちです
　それがわたしのいのちです


　さて、今日から体育会の練習が始まりますね。秋空に鳴り響くブラスバンドの演奏は、人の元気や勇気を鼓舞する力があります。
　日本人が管楽器による西洋音楽に興味を持った最初は、幕末、薩摩藩が鹿児島湾でイギリス艦隊と戦った際、敵の軍艦上で士気を鼓舞する軍楽が吹奏された時だそうです。沿岸の砲台から大砲を発射していた薩摩藩士たちは、敵の演奏する音楽に感動し、その6年後の明治2（1869）年には、藩士30余名を横浜のイギリス海軍軍楽隊長のもとに派遣して軍楽の伝習にあたらせています。
　人にも、周囲の人を元気にさせてくれる人と、そうでない人がいます。不平不満を言わず、心の中でブラスバンドを演奏し、自分の元気を鼓舞し

ましょう。
　最後に、境港市にある妖怪神社の「元気応援歌」を紹介します。

　悲しくても元気がよく つらくても元気がいい。
　貧しくても元気がよく くじけても元気がいい。
　元気があれば なんでもできる。
　元気があれば どうにかなるさ。
　とにかく 元気でがんばろう！

## おわりに

　不登校の生徒と向き合い、『6000人を一瞬で変えたひと言』の著者である師友塾塾長であった大越　俊夫先生が、10歳前後の子を持つ40歳前後の親に向けて、子育てのコツを8つ挙げている。

　①「生きる」ことを語れ
　②「耐える」ことを語れ
　③「尽くす」ことを語れ
　④「励む」ことを語れ
　⑤「貫く」ことを語れ
　⑥「信じる」ことを語れ
　⑦「変える」ことを語れ
　⑧「考える」ことを語れ

　また、教育者は、「五者論」といって、学者・医者・役者・易者・芸者のように振る舞わなければならない。
　そして、これらを具現化する場が授業に求められる。
　全校朝礼は、校長の授業である。したがって、校長は、子どもや教師に対して、先ほど述べた「五者」となり、語らなければならないのである。
　何を語るのか？　そう、それは普段の授業ではあまり教えないような内容、つまり、どう生きるのかという「生き方」についてである。
　また、教師の子どもたちへのアプローチのほとんどは、言葉を介して話すことである。教師は話し上手でなければならない。
　全校朝礼は、1週間に1回程度、数分の短い時間の校長の授業であるが、決して片手間に出来るものではないだろう。
　まだまだ、これからも自分自身が学びを続けなければならないと決意を

新たにしつつ、コロナに翻弄された３年間、何を語ってきたのかを振り返ってみた。

この本を手に取ってくださった方も、あまり授業では教えてもらえなかったであろう、人生の〝生き方〟を共に学び、「なるほど、そうか！」「よし、今から少し頑張ろう！」と元気を出してもらえれば、幸いである。

最後に、本書の執筆にあたり、株式会社風詠社の大杉 剛様、藤森 功一様には大変お世話になりました。厚く御礼を申し上げます。

# 入学式式辞

　神出中学校に入学された新１年生の皆さん、ご入学おめでとうございます。皆さんの入学を心から歓迎いたします。また、本日、ご参列の保護者の皆様。慈しみ育ててこられたお子様の節目となる、中学校へのご入学、誠におめでとうございます。

　新型コロナウイルス感染防止のため、来賓の皆様のご臨席をなしとさせていただきましたが、新入生の激励にいささか変わりはありません。関係の皆様からたくさんのご祝辞も頂戴しております。そのすべてをご紹介することは出来ませんが、式場入り口に掲示させていただいておりますので、ぜひ、ご覧になってください。

　神出中学校は、お子様のご入学を心から歓迎し、職員一体となって、その個性を伸ばし、健全なる成長を目指し、誠心誠意、努力する所存でおります。保護者の皆様におかれましては、本校の教育活動にご協力くださいますよう、宜しくお願い申し上げます。

　さて、新入生の皆さん。神出中学校は、「自主・責任・奉仕・協力」の校訓を掲げ、地域の歴史を誇りにし、礼儀正しく明るく頑張っている学校です。昨年から「神出オアシス」という言葉をスローガンにしています。皆さんも、この校風に早く慣れ、２年生、３年生の先輩のよいところを見習って、手本としながら、しっかりと中学校生活を送るよう希望します。

　中学生の３年間は、人の一生の中で「知恵と心と体」が大きく成長する時です。私は、この時期は「ヘンシン」の時期だと考えています。蝶々が幼虫からサナギを経て羽化するように、体も心も大きな変化を遂げる時期です。これについて、私がなぜ、中学校の教師をしているのかを含め、私の人生に大きな影響を及ぼした２人の恩師の話をしたいと思います。

　私はこの神戸で生まれ、神戸で育ちました。しかし、小学校時代の私は、

決して褒められる児童ではなかったと思います。特に小学校5年生の頃は、授業がわからないといって、クラスの友達と一緒に授業を抜け出してグランドで遊んでいたり、歌が嫌いだといって合唱も歌わず、むしろ騒いでいたりするような児童でした。当然、成績はふるわず、その頃の通知簿は5段階で、ほとんどが「2」がついていました。

ところが、小学校6年生の時に転校することになりました。そこで、出会った担任の服部先生は、催眠術をおかけになる方で、私はその先生からいろいろと催眠をかけられたのです。中学校に入学する直前に、こんなことを言われました。

「長井君、君は小学校時代、本当によく遊んだよね」

……「ハ〜イ」

「君は人の3倍は遊んだよね」

……「ハイ！」

「だから、中学校に入ったら、人の3倍、勉強するんだよ」

……「ハイッ！」

その言葉通り、私は中学校に入ってからよく勉強しました。休みの日は一日14時間くらい勉強することもあったと思います。皆さんも心配ありません。小学校時代、ほとんどわからなかった算数も、数学として勉強したら理解出来るようになりましたし、新しく学んだ英語も時間をかけてやれば得意になりました。服部先生から、まんまと催眠をかけられてしまったのでした。

そして、もう一人、私に多大な影響を与えた先生が、中学1年生と3年生で英語を教えていただいた萬年先生という方でした。

萬年先生は京都大学を卒業された方で、神戸市西区平野町にある曹洞宗宝珠寺の住職さんでもありました。また、この神出中学校で英語の先生をされていたこともありました。もしかしたら、保護者の方の中にも教えていただいた経験のある方がおられるかもしれません。その萬年先生は、英語だけでなく、詩吟や座禅なども取り入れ、ユニークな教育をしていただ

きました。そして、何より、こんな私を認めて、褒めてくれたのです。そのおかげで、私は中学時代に大きく「ヘンシン」することが出来、中学校の教師になりたいと思うようになったのです。

　また、教師になってからも、教え子の中に、中学3年間で大きくヘンシンする生徒をたくさん見てきました。ところで、この中学時代にヘンシンすることの出来る人には、1つ大きな共通点があります。それは、「素直な心で人の話を聞ける」ということです。そして、素直になるためのコツは、「でも」「だって」「どうせ」という3D言葉を言わないように願うことです。そこで、今日から、神出中学校内では、「でも」「だって」「どうせ」の3D言葉は「禁句」にしたいと思います。

　今、皆さんは、中学校入学にあたって、期待とともに不安も抱えているかもしれません。でも、全く心配いりません。神出中学校には、とてもいい先輩、熱心な先生、そしていつも温かく皆さんを見守り、応援してくださる保護者や地域の方がたくさんおられます。ぜひ、この神出中学校で、いい「ヘンシン」を遂げてほしいと願っています。

　最後に、「よし頑張るぞ！」と思っている皆さんに向けて、先ほどご紹介した私の恩師、萬年先生から教わった詩吟を贈って、式辞といたします。

　なお、この詩は、門出やお祝いにふさわしくないかもしれませんが、今年、還暦を迎える私から、私の人生の5分の1の長さを生きてきた皆さんにとって、きっとよき教訓になるのではないかと思います。

少年易老学難成　一寸光陰不可軽　未覚池塘春草夢　階前梧葉己秋声

　令和4年4月11日
　　　　　　　　　　　神戸市立神出中学校　　校長　　長井　功

# 卒業式式辞

　暖かな日差しの中に春の足音が聞こえてくるこのよき日に、多数のご来賓、並びに保護者の皆様のご列席を賜り、第76回卒業式が挙行出来ますことに対し、厚く御礼申し上げます。

　本日、卒業証書を手にされた神出中学校3年生の皆さん、ご卒業おめでとうございます。

　新型コロナの影響で入学式もなく、始まった中学生活でした。自宅待機となったり、授業や部活動にも制限がかけられたり、思うように学校生活を楽しむことが出来なかったかもしれません。しかし、皆さんは、愚痴1つ言わず、いつも明るく元気に、そして、すくすくと素直に学校生活を送っていました。

　特にこの1年間、最上級生としての見本を随所に見せ、体育会や文化祭を見事に成功させるなど、後輩たちに背中で語ってくれていました。本当に素晴らしい3年生だったと、私は感謝しています。

　さて、これまで私は全校朝礼などでいろんなお話をしてきましたが、今日、これが最後のお話となります。卒業生の皆さんには、卒業に際して、「恩送り」というお話をしたいと思います。


　先月、死者4万人を超える大地震がトルコ・シリアで発生しました。トルコは大変な親日国です。日本とトルコの間には、100年に渡って受け継がれてきた感動のお話があります。

　今から38年前の1985年、100万人の死者を出したと言われるイラン・イラク戦争の最中、イラクのフセイン大統領が無差別攻撃を宣言しました。しかし、当時、日本の自衛隊の海外派兵は憲法違反にあたると反対意見が出て対応が出来ず、また、日本の民間の航空会社も危険な地域への運行を拒否したので、イランのテヘラン空港には215名の日本人が救出を待って

162

足止めをくらっていました。

　その時、トルコの航空会社がその日本人のために救援機を２機出してくれたのです。戦争の最中に飛行機を飛ばすのは命がけの仕事です。しかし、機長はじめ多数のスタッフが救援機への志願をしてくれたそうです。「イラン上空に飛ぶすべての飛行機を撃ち落とす」と宣言されたタイムリミットの１時間15分前に救援機は飛び立ち、無事、215名の日本人たちは帰国することが出来たのでした。

　イランにはこの時、6,000人のトルコ人たちが救出を望んでいましたが、救援機に日本人を優先的に乗せたことに誰も非難せず、彼らは数日間かけて陸路で脱出したのでした。

　なぜ、トルコ航空はそんな危険なところに来て日本人を助けてくれたのでしょうか。

　元駐日トルコ大使のウトカン氏は、「エルトゥールル号の恩返しだった」と述べています。

　エルトゥールル号とはトルコの前身、オスマン帝国の軍艦でしたが、今から133年前の明治23年に、和歌山県串本町の沖合で遭難し、587名が死亡・行方不明になるという大惨事を起こしています。

　この時、地元の大島村の住民たちは献身的に生存者たちの救護に努め、生存者69名はこの神戸に移送されて治療を受けました。明治天皇は彼らのために医者を派遣し、皇后陛下も看護師13名を遣わされたそうです。そして、翌年、無事にトルコに帰国出来たという話が、なんと100年にも渡って、トルコでは教科書にも載り、国内で語り継がれてきたのだそうです。

　日本は第二次世界大戦で敗れ、ＧＨＱによる日本占領管理政策ＷＧＩＰのもと、戦前のことを「悪」として忘れ去るようにしてきました。しかし、トルコの人々は「恩」を忘れず、100年前の先人の過去の真実の歴史を、子孫にしっかりと語り継いできたのです。

　どうか、皆さんにもこの国を100年先にも語り継げるような国にしてほ

しいと願います。

「恩」という文字は、「心の原因」と書きます。心の元、つまり、自分というものは、どこからやってきて、どんなふうに育ってきたのかを知ることではないでしょうか。

また、「恩」という文字は、「口」と「大」と「心」から成り立っています。「口」は環境、「大」は人が手足を伸ばしている姿です。何のおかげでこのように手足を伸ばしておられるかと思う心が、「恩を知る」ということでしょう。

生まれて15年間、これまで皆さんはどれほど多くの恩を受けてきたか、考えてみてください。

朝、なかなか起きられない時、起こしてくれたのは誰でしたか。

部活動の試合や大会の時、お弁当を作ってくれたのは誰でしたか。

体調を崩して熱が出た時、一番心配してくれたのは誰でしたか。

自転車通学が大変な雨の日、車に乗せて登下校をしてくれたのは誰でしたか。

忘れ物をした時、そっと学校に届けてくれたのは誰でしたか。

学校の成績や友達のことで悩んだ時、一緒に考えてくれたのは誰でしたか。

皆さんを、生まれた日からたくさんの人が見守ってくれていました。ご家族だけではありません。学校や神出の町、神出の自然も、皆さんを見守ってきたのです。これからは、受けてきた恩を自分から発信することを考えてみてください。

ただ、「恩返し」という言葉がありますが、受けた恩をその人に直接返すというのは、なかなか出来ることではありません。しかし、受けた「恩」をまた別の人に送り伝えてゆくことは出来るでしょう。そのことを「恩送り」といいます。

日本には、古くからの言葉で「情けは人の為ならず」というのがありま

すが、「恩送り」はこれに当てはまると思います。近年、英語圏でも「恩送り」に相当する概念が、"Pay it forward" の表現で再認識されるようになってきています。

　どうか、皆さん、義務教育が終わるこの節目にあたって、これからは周りの人に、少しずつでもいい、「愛」や「勇気」や「思いやり」を発信出来る人になってください。

　人は、何のために生きるのか？ 古今東西、いろんな人たちが見解を示してきましたが、実は心理学でも哲学でも、その答えは出ていません。つまり、生きる目的に正解はないのです。ただ、人は〇〇のために生きるのだと考えると、なぜか人生はうまくいくことが多いように感じます。


　さて、保護者の皆様、本日はお子様のご卒業、誠におめでとうございます。お子様が生まれてから約15年。立派に成長し、新しい生活に向かおうとしているお子様の姿を見て、感慨深いものを覚えておられると思います。何より、これまでの保護者の皆様のご苦労を思うと、同じように3人の子育てをしてきた身として、思わず目頭が熱くなる思いです。

　お子様のご出産の時、新しい命の誕生にきっと涙されたことでしょう。生まれたばかりの頃、お子様は小さな体で精一杯、生き延びてきました。時には体調を崩したり、けがをしたり、心配することもいろいろとあったでしょうが、やがて子どもは歩き出し、言葉を語り出し、少しずつ少しずつ成長してきました。目を閉じると、幼い頃のお子様の姿は、すぐに浮かんでくると思います。

　それは、初めてよちよちと歩き出した日のことでしょうか。それとも、初めて自転車に乗れた日のことでしょうか。あるいは、新しいランドセルを背負って小学校に入学した日のことでしょうか。

　人の脳は、苦しかった思い出や悲しかった思い出は少しずつ忘れ、楽しい思い出だけが残るように設計されているそうです。

　そして、今、目を開けると、目の前にいるお子様は、全く別人のように

大きく成長されています。特に受験期の中学3年生では、反抗期も重なって、様々な葛藤があったことでしょう。思春期の子どもは、大人に対して素直な気持ちを表現することは苦手です。しかし、「うるさい」という子どもの言葉は「ありがとう」という意味であり、黙って無視するのは、感謝の心の現れなのです。15歳といっても、まだまだ保護者のお力が必要です。子どもの一挙一動に振り回されることなく、変わらぬ愛情を注がれますようにお願い申し上げます。

　また、本日まで本校に対していろいろとお力添え、ご支援をいただきましたことに、厚くお礼申し上げます。私たち教職員一同、微力ながら精一杯、お子様の教育に携わってまいったつもりですが、十分でなかった点もあったことをお許しいただきたいと思います。


　最後になりましたが、ご来賓の皆様、本日は3年ぶりに晴れの門出を激励していただき、また、多くの方々から祝辞・祝電を頂戴したことに対し、誠に感謝申し上げます。どうか、これからも、末永く温かく、神出の子どもたちを見守ってくださいますようお願い申し上げます。


　さあ、いよいよ、旅立ちの時が来ました。卒業生の皆さん、本当に卒業おめでとう。

　皆さんの健康と幸せを祈り、式辞と致します。


　令和5年3月14日

　　　　　　　　　　　神戸市立神出中学校　校長　長井　功

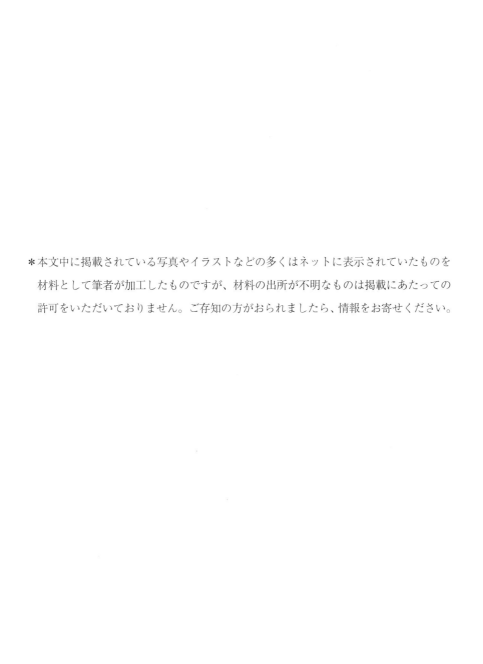

長井　功（ながい　いさお）

教育コンサルタント・心理カウンセラー
バレーボール研究者（バレーボール学習開始の適時期の研究など）
「目からウロコ」の教育講演会・座談会実施中、ブログ「みなおは」https://minaoha.com/

略歴
1962 年　神戸市生まれ
1985 年　3 月　神戸大学 教育学部　卒業
1985 年　4 月　神戸市立中学校勤務（保健体育・英語・社会を教える）
神戸市立舞子中学校・神戸市立神出中学校で校長を務め、2023 年 3 月に定年退職
1998 年　兵庫教育大学大学院 教科・領域教育専修　修了
2023 年現在　神戸市立友生支援学校に勤務

主な資格
・文部科学省公認 スポーツ指導員（水泳・バレーボール）
・財団法人日本体育施設協会公認 トレーニング指導士
・財団法人日本バレーボール協会 公認審判員
・アマチュア無線技士
・SAJ スキー 1 級
・公益社団法人日本心理学会　認定心理士
・日本レクリエーション協会認定　公認レクリエーション指導者

「皆さん、おはようございます」授業では教えない〝生き方〟教育
スライドで語る全校朝礼のお話

2023 年 10 月 17 日　第 1 刷発行

著　者　長井　功
発行人　大杉　剛
発行所　株式会社 風詠社
〒 553-0001　大阪市福島区海老江 5-2-2
大拓ビル 5 - 7 階
℡ 06（6136）8657　https://fueisha.com/
発売元　株式会社 星雲社
（共同出版社・流通責任出版社）
〒 112-0005　東京都文京区水道 1-3-30
℡ 03（3868）3275
装幀　2 DAY
印刷・製本　シナノ印刷株式会社
©Isao Nagai 2023, Printed in Japan.
ISBN978-4-434-32753-7 C0037